教師のほめる技術

レベル別全解説

菊池省三

本書は、『授業力＆学級経営力』2021年4月号～2024年3月号の連載記事を、
再編集したものです。

明治図書

はじめに

数か月前のある日、自宅近くの行きつけの居酒屋で、

「もしかしたら、菊池先生じゃないですか?」

と50代の男性から声をかけられました。話を聞くと、40年前の教え子でした。

初任2、3年目の5、6年生の2年間担任したAくんでした。

彼は、こんな話をしてくれました。

「小学生のとき、先生が母親に、『Aくんはボールの魔術師みたいです』と僕のことをほめてくれたのです。その後、何度も母親はその言葉を僕に話してくれました。母親も喜んでいて、僕もうれしかったです。今でも時々思い出します」

彼は、プロテニス選手になっていました。

教師の一言の影響の大きさを改めて感じたときでした。

言われてうれしいことは、いつまでも覚えているものです。このことは、大人も子どもも一緒です。逆に、言われて嫌なこともいつまでも覚えているものです。大人も子どもも一緒です。

私は今、全国の学校を飛び回っています。ここ10年間続けています。「10割ほめよう」と心に決めて、飛込授業を繰り返しています。

授業後の子どもたちからの感想に、

「こんなにほめられた1時間はありませんでした。私もみんなも笑顔になりました。幸せな1時間でした。ありがとうございました」「あっという間の時間でした。菊池先生は、どんなこともほめて認めてくれるので安心して授業に参加できました」「『一人ひとり違っていい』ということを話してくれて、ほめてくれて、自信をもって発表や話し合いができました。最高の授業でした」

などの言葉が並びます。ほめ過ぎではないかと思うこともありますが、素直に喜びながらほめ言葉の力を感じています。

また、参観された先生方からも、

「気になる子をリフレーミングしてプラスに価値づけてほめているところに驚きました。目から鱗の瞬間が何度もありました」「いつもは発言しない子たちも、意欲的に活躍していました。先生の言葉にはネガティブな言葉はひとつもありませんでした」

といった感想もたくさんいただくこともあり、ほめ言葉の効果を実感しています。

私は、ほめ言葉は、コミュニケーションの中心にあるものだと考えています。

そして、本書でも時々ふれているコミュニケーションの公式を次のように考えています。

具体的にほめるときに意識していることでもあります。

コミュニケーションの公式＝（内容＋声＋表情・態度）×相手軸

各項目を少し詳しく説明すると、以下のような内容になります。

○内容……伝わりやすい構成、プラスの言葉（価値語、四字熟語、ことわざ、慣用句など）、具体的な表現（数字、固有名詞、会話文、５Ｗ１Ｈなど）、効果的な表現（比喩、擬態語、擬音語など）

○声………ちょうどよい大きさ、高低、大小、強弱、緩急、間（ま）

○表情……笑顔、視線（方向、時間など）、目の動き、口の形

○態度……指や手や腕の動き、姿勢（向き、傾き、立ち方など）、首のうなずきやかしげ方、足の動きや開き方、立ち位置や身体全体の移動の仕方やその時間

○相手軸…愛情、想像力、豊かな関わり合い、情報共同体としての心のふれあい、ほめる・認める・励ます・応援する・盛り上がる・感謝するなどの思い

当然、これらを意識したほめ言葉であるべきだと強く考えています。

本書は、月刊誌『授業力&学級経営力』（明治図書）の3年間の連載を中心にまとめたものです。全て実際の授業を通して私自身が学んだことです。

毎月のテーマ別で書いていたために、学年や実態等で、レベルの1、2、3の整合性等がずれているケースもあると思いますが、具体的な授業場面に合わせて臨機応変に活用していただけるとありがたいです。アレンジしながら先生方のオリジナルなほめ言葉が生まれることを願っています。

在職中から今までに出会った子どもたちにも感謝しています。ほめ言葉は、子ども、学級を変える力があると確信しています。

本書が、たくさんの先生方に活用され、たくさんの教室で実践され、たくさんの子どもたちの笑顔があふれることを願っています。

令和6年6月20日

菊池道場道場長　菊池　省三

Contents

3章 場面別ほめる技術

授業全般

対話・話し合い

聞く

1章

ほめるための心構え

10割ほめる

私の努力目標は、

「10割ほめる」

です。本気でこう考え、実行しようと決めているのです。

「できるだけほめよう」

では、どうしても子どもの「気になるところ」に目が向いてしまうのです。その反省から、先のような目標を自分に課しているのです。

先生方は、どれだけ子どもたちをほめているでしょうか。まずは、ほめるというコミュニケーションの視点から、自分の授業を見直すことをお勧めします。そして、「10割ほめる」ために、次のことを意識していきましょう。

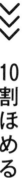

レベル1

楽しくチャレンジする

■ほめ言葉の王様「ありがとう」にプラス1（ワン）をする

ありがとうは、ほめ言葉の王様です。そのありがとうにもう一つほめ言葉をプラスワンするのです。ありがとうという言葉を口にすることに抵抗がなくなる効果もあります。

・ありがとう。素晴らしいね。
・ありがとう。感謝しているよ。
・ありがとう。助かったよ。

■ほめずにほめる。直接はほめていないが、相手のよさを認めて前向きにさせる

子どもの発言の受けとめ方で、「認めていますよ」という承認を伝えます。

「楽しんで聞いてくれている。喜んで聞いてくれている」という雰囲気を出すことです。教師の表情も豊かになり、リアクションも自然と出てきます。

次の10のポイントを心がけて大事にするといいでしょう。「ヒーロー・ヒロインインタ

ビュー」をしているつもりで行うことが成功のコツです。

・目を見る
・微笑む
・うなずく
・あいづちを打つ
・拍手をする
・繰り返す
・要約・言い換えをする
・質問をする
・感情を込める
・板書する

■ほめ言葉にスキンシップもプラスする

握手やハイタッチをほめ言葉とセットにするのです。「明るさ」を大事にしたいものです。笑顔と上機嫌は伝染します。その子だけではなく、教室が明るくなります。

・おはよう（あいさつ）＋今日もよろしく（一言）＋握手
・〇〇さん（名前）＋～～がいいね＋ハイタッチ・グータッチ
・～～ということを考えたんだ（発言内容・態度）＋意欲的でみんなの手本だね＋握手

レベル2 ほめ言葉を増やす

■教室の状況やタイプ別の子どもに合わせるほめ言葉を準備しておく

基本的なほめ言葉を私はもつようにも努力してきました。それが状況に合わせて自然と出てくるように少しずつなってきました。その上で、授業の流れに合わせてより価値づけたり意味づけたりしようと心がけています。「マネジメントにおける具体的なコンピテンシー（職務遂行能力）も、ほめ言葉がパッと口を突いて出てくるかどうかにかかっている。そのためには、ほめ言葉のボキャブラリーを増やすこと」といったことを、京都芸術大学の本間正人先生も述べられています。

私は、以下のような言葉を「口ぐせ」にしようとしています。物事に取り組むときの意識改革は当然大事です。が、その前に「行動改革」であるとも考えます。口ぐせはその最小単位です。積み重ねることで、生き方改革になると思っています。教室に「あふれさせたい言葉、なくしたい言葉」を掲示して、子どもたちの行動を変えようとすることも同じことだと考えています。

①とっさに使いたいほめ言葉

・すごいね　・さすが

・素晴らしい　・見事　・なるほど

・そうなんだ　・笑顔がいいね

②目立たない子どもにもおくりたいほめ言葉

・いい声しているね

・目力があるね　・さわやかだね

・落ち着いているね

・品があるね（いいね）

③目立っている子どもにおくりたいほめ言葉

・さっそうとしているね

・勢いがあるね　・堂々としているね

・輝いているね　・参った
・やる気が伝わってくるね

④さりげなく能力の高さをほめたいときのほめ言葉

・いいこと言うなぁ
・理知的・知性的な発言だね
・よく考えているね
・頭の回転が速いね　・勘がいいね
・考えが深いねぇ（思慮深い）
・教えて

⑤リーダーシップのある子どもにおくりたいほめ言葉

・リーダーシップがあるね
・面倒見がいいね　・協調性があるね
・人を惹きつけるね
・空気を読んでいるね
・だからいいクラスになるんだ

⑥期待をかけているときに使いたいほめ言葉

・君に任せるよ　・安心しているよ

・君じゃなきゃ　・将来有望だね

・頼りがいがあるね

・できない人には頼まないしね

⑦感謝の気持ちを伝えたいときのほめ言葉

・一緒に勉強ができてうれしい

・〇〇さん（みなさん）のおかげです

・気をきかせてくれてうれしいよ

・ありがとう　・改めて感心しました

レベル3

子どもを信じる

■叱る言葉の中にプラスの評価を混ぜ、実はほめていることに

言われたほうは、「自分は見守られている」「力を認められている」という気になります。

だから、厳しく叱られても、素直に受け入れようという気になるのです。決して頭ごなしには叱らないことです。

・本当はできるのに、どうして今回はできなかったのかな。
・あなたのいいところは〇〇なんだから、それをもっと出そう。
・信じているよ。何かあったのだろうけど、安心して話してほしい。

■期待して任せる、「認め」「励ます」ことでほめる

何かを任せる前に、本人への期待をほめて伝えておくほめ言葉です。言われたほうは、「自分は期待されている」「自分の思うことをやればいい」という気になるでしょう。だから、自分で考え行動するようになります。どこかにほめるべき点があるはずだという強い気持ちで任せるのです。

・君に任せる。仕切っていい。
・君が場（活動・班やグループなど）の温度を上げてくれ。
・あなたのよさをみんなのために発揮してほしい。

常に「ほめる」体質になる

私が長年推し進めているコミュニケーション教育は、「ほめて・認めて・励ます」教育でもあるといえます。

私の芯となる考え方です。

具体的にはいろんな言い方ができると思います。

・短所接近法ではなく長所接近法で子どもたちに接しよう
・プラスのストロークの声かけをしよう
・肯定的アプローチを心がけよう
・一人も見捨てない温かな関係性を築こう

どれも、子どもたち一人ひとりを認めていることであり、肯定していることです。

ほめて、認めて、励ます教育が、ごく自然に当たり前になることを願っています。自然とほめられる体質になるように、次のことを意識していくとよいでしょう。

レベル1 「ほめる」身体を意識する

■体をつくる

実際に教室に入る前には、体をあれこれ動かします。ストレッチです。

子どもたちの体の動きに負けない対応が必要だからです。元気のいい子どもたちと呼応する体をつくるのです。しかめっ面で、硬直したような表情や体では、子どもたちに押されてしまいますし、ほめることなどできません。

明治大学教授の齋藤孝先生は、「認める身体」といった表現もされています。ご自身もジャンプしたり、四股を踏まれたりされているそうです。

体をつくる、笑顔をつくる、滑舌の練習をする、……ほめるためのいろいろな準備が必要です。

ある意味スポーツと一緒ですね。ウォーミングアップが必要です。

■体全体で「認める」「肯定する」→「ほめる」

先に述べたようにほめる身体をつくり、子どもたちと、

・笑顔（柔らかな表情）で出会おうとする
・表情やしぐさを受け入れようとする
・子どもたちに合わせて自分のリアクションを変えようとする

といったことを意識します。非言語でつながるように意識するのです。

例えば、

・目を見る
・微笑む
・目を見てうなずく
・あいづちを打つ
・全体に目線を配る

などなどです。これらは、「ほめる」につながる行為と考えます。常に意識して行います。

このような行為は、人と人がつながる上で基本であると信じています。

レベル2

すぐにほめ言葉を口にする

■ほめ言葉を早めに伝える

私は、できるだけ早いときにほめ言葉をかけたいと思っています。朝の1日のスタートから、授業の開始からです。

子どもたちは、表現したがっています。発表したがっています。話したがっています。自分のことをわかってほしい、話をして伝えたい、ということは人間の本能なのでしょう。このことは、飛込授業後にいただく感想からも明白です（もちろん授業中の子どもたちの変容の様子からもわかります）。

ただし、そのような本来の表現者としての姿は、「ほめられて」出てくるということです。安心できる関係性が感じられて、です。

話さない子どもは、白熱しない教室は、そのように先生がさせてきたというだけだと思います。

ですから、

・いい教室ですね。みなさんの「やる気の姿勢」がいいですね。
・(○○児と握手)実は、会釈をしてくれました。礼儀正しいでしょ。こんな友達がいるクラスは伸びるんですよ。
・元気がいいですね。その2倍の声であいさつしましょうか。さすがです。
・最高ですね。目がいい。先生を見る目。素直さがわかります。
といった感じで、ほめることができるのです。
次に挙げていくような当たり前のことで大丈夫です。
・あいさつの声や表情
・姿勢を正したときの体の部位
・約束を守った移動の動き
・文字の丁寧さ
・ちょうどいい大きさの声
・ペアで相談するスピード
・学び合いでの目線や声かけ
などです。

以上のようなことも、常に意識しています。意識しなければいけないことだと思っています。毎日あることです。たくさんのほめるチャンスをいただいているのです。

レベル3 意表をついてほめる

次に、今までの授業（特に、飛込授業）から、菊池の「ちょっと意表をついたほめ言葉」を紹介します。ネーミングして整理してみました。担任されている教室でもアレンジして活用してください。

■マイナスの状態をプラスにひっくり返してほめる

・「逆転ぼめ」……「〜ない」というマイナス状態をほめて価値づける

場面例：一人しか挙手していない

「たった一人でも手を挙げる。誰が挙げていようが関係ない。空気に負けない強さがあるよね。このような人のことを『一人が美しい』と言うんだよ」

場面例：投げやりに「オレ、わからん」と素直ではない態度をとった

「それ。反応したんだよね。それも、学ぶことで一番大事な『わからない』ということを。学びのスタート。本当は、やる気にあふれているんだよね。大丈夫。きっと、次は丁寧な言い方にもなるでしょう」

・「ギャグぼめ」……「失敗」をユーモアで笑いに変える

場面例：座り方が悪くて椅子ごと後ろに倒れた

「今のギャグ見た!? 最高じゃない。今の、わざとでしょ!? この緊張した空気をいっきにやわらげてくれたんだよ。身体を張ったギャグですよ。さすがだよ。ありがとう」

場面例：明らかに誤答を言った

「いいなぁ。こういう教室を先生は目指したい。いい教室は、『○○ちゃんまちがい』と言って、間違いを出してくれた人をアイドルにして学び合い成長するんだよ。君は、学びのアイドルだよ」

■ほめながら子どもを動かす

・「ほめ指示ぼめ」……今からの動きや今の動きを高める

場面例：ペアで対話をする

「今からペアで対話をします。きっと、笑顔で頭を近づけて盛り上がるんだろうな。明るい教室だからね。どうぞ」
場面例：箇条書きでノートに理由を書く
「ふつうの学級は、理由を1つ書いたら満足するんだ。でも、このクラスは違うんだろうな。2つ、3つと書き続けるんでしょうね。やる気があるから。書きましょう」

・「未来予想ぼめ」……未来の動きに目標と期待をもたせる

場面例：少しざわつく場面が出てきたとき
「いいね。こんな風に音を消し合って聞き合える素敵な学級になるんだ。今は、少しざわわしていても、これから心を合わせて静かになるときは静かになるんだ。楽しみだね。プラスに向かう教室だね」
場面例：隣同士で向き合い相談するときに動きが硬くて遅い
「スピードが出てきましたね。きっとあなたたちは、もっとスピードアップしますね。そんな予感がします。日本一になるんじゃないの」

いかがでしょうか。ぜひ意識してみてください。

2章

ほめ方の基礎基本

あいづち言葉を使う

私が、授業でも講演でも人前で話したり人と対話したりするときに気をつけていることの一つに、「あいづち」があります。関係性をつくり、対話を進めるポイントだと思うからです。

子どもを受けとめ、認めたりほめたりする「あいづち」です。ほめ方の基本として、まずは「ほめるにつなげるあいづち言葉」について考えてみます。

レベル 1

子どもをほめる身体と意識を常に心がけあいづち言葉につなげる

子どもたち一人ひとりに温かいまなざしをおくっているでしょうか？

「美点凝視」の意識で子どもたちと接しているでしょうか？

例えば、授業中、

「この熟語の読み方を知っていますか?」

「ノートに自分の考えを書きましょう」

といった話をしているときも、「何をどう話そうか」とだけ考えているのではなく、「子どものいいところを見つけてほめよう」と考えておくことです。そして、実行するのです。

つまり、「話す」と「ほめる」の2つのことを同時に意識して行うということです。

「○○さん、うなずいて聞いているね。その話を聞く目が素直だね」

「○○くん、心の中の返事が聞こえてくるようです。ありがとう」

といったほめ言葉が自然と出てくるようになるのです。それを当たり前にするのです。多くの先生は、自分が話すことだけしか考えていません。

このような身体と意識でいると、子どもたちの発言に対するうなずきやあいづちも豊かになってきます。

レベル２

ほめるあいづち言葉のバリエーションを豊かにする

子どもたちからいい考えや感想などを引き出すために、「ほめるあいづち言葉」が重要になります。

・うん、うん、そうなんだ
・なーるほどねぇー
・いいねえ、いいねえ
・ほうほう、そうかそうかぁ
・なるほど、そうきたかぁ
・それって、いいじゃない

このような言葉が、タイミングよく出てくるようにしたいものです。「ほめる合いの手」ともいえる言葉です。子どもたちに自信や安心感を与え、発言のリズムもつくり出していきます。

「そのようなことは普通にやっている」と言われる先生も多いと思います。でも、ちょっと考えてみてください。

例えば、よく使うあいづちに「なるほど」という言葉があります。あなたはこの「なるほど」を、どのくらい使いこなしているでしょうか。「なるほど」は「なるほど」でしかないじゃないか、なんて思わないでください。もし、「『なるほど』だけを使って子どもの発言を聞いてください」と言われたら、どうでしょうか？　どれぐらいのバリエーションがありますか？

「なるほど」と「なるほど、なるほど」ではニュアンスは変わってきます。「なぁーるほどー」と伸ばすとまた違ってきます。ちょっと静かに声をひそめて、「なっるほどぉ……」と言ったら、また別の雰囲気が伝わります。

同じように、「はい」と「はい、はい」もニュアンスが違いますし、これを「ええ」や「ええ、ええ」に置き換えたらどうでしょう。やっぱり違った受けとめ方になると思います。「なるほど」と他の言葉の組み合わせになると、さらにバリエーションは増えます。

自分の授業ビデオを見直しながら、「ほめるあいづち言葉」についてふり返ってみることも学びになります。私も自分の授業をストップモーション方式で分析します。「ほめる身体と意識」も、「ほめるあいづち言葉」も十分でないことに気づかされます。

レベル3

リアクションとセットにして、ほめるあいづち言葉を進化させる

多くの教室は、冷たくて硬い気がします。学び合う教室のぬくもりやテンポのよさがあまり感じられないのです。

そのような教室の先生は、リアクションも薄く、上機嫌とは程遠い雰囲気です。

ほめるあいづち言葉は、

・明るい笑顔
・本気の拍手

のリアクションとセットで行うべきです。「なるほど」などの言葉を、オーバーアクション気味に行うのです。笑顔が大事、拍手が大事ということは、多くの方が口にします。でも、それを「ほめる」ために本気で行っている先生は少ないようです。その笑顔と拍手がセットになっているリアクションで、教室の場が温まり、授業のテンポもよくなって、子どもたちは安心して発言しやすくなるのです。

そうなると、子どもの発言を受けて、より深い考えを引き出すこともできるようになり、

ほめることも増えてきます。ほめ言葉の連鎖が起きるのです。

次のようなやり取りが生まれます。

「友達への言葉遣いが大切です」

(実際は、「友達への言葉遣いが」『なるほど』「大切です」『そう思うんだ。○○さんらしいね』などとなる)

『言葉遣いということは、相手への思いやりともいえるの?』

「はい。以前先生も言っていたように、言葉にはその人の気持ちが出ると私も思うので……」

『そうなんだ。○○さんは、以前の学びとつないで考えているんだ。素晴らしいですね。はい、拍手!』

といった対話が生まれます。ほめ言葉も生まれます。

授業は対話です。その対話をよりよいものにするのは教師です。ほめる身体と意識を大切にして、子ども一人ひとりを受けとめ、プラスを引き出し、全体にそれを広げていくのです。教師のパフォーマンス力が問われます。

1 ほめ言葉と指示語をセットにする

私の授業動画を観た方が、

「菊池先生は、『〜しなさい』などといったはっきりと言い切るような指示の言葉は、時間の授業の中でもあまり使わない感じがします」

といった感想を述べられたそうです。

この指摘は、私の考える授業観が大きく関わっています。

私は、「授業の型」を重視する授業観ではなく、「学習意欲」を重視する授業観を土台に授業を行っています。

つまり、「よい」とされる型の通りに進めていく教師中心の授業ではなく、授業を受ける子どもたちの表情や態度、言葉の質や話し方などのあり方を大事にする子ども中心の授業です。

菊池省三が考える「授業観」試案④

ver.1

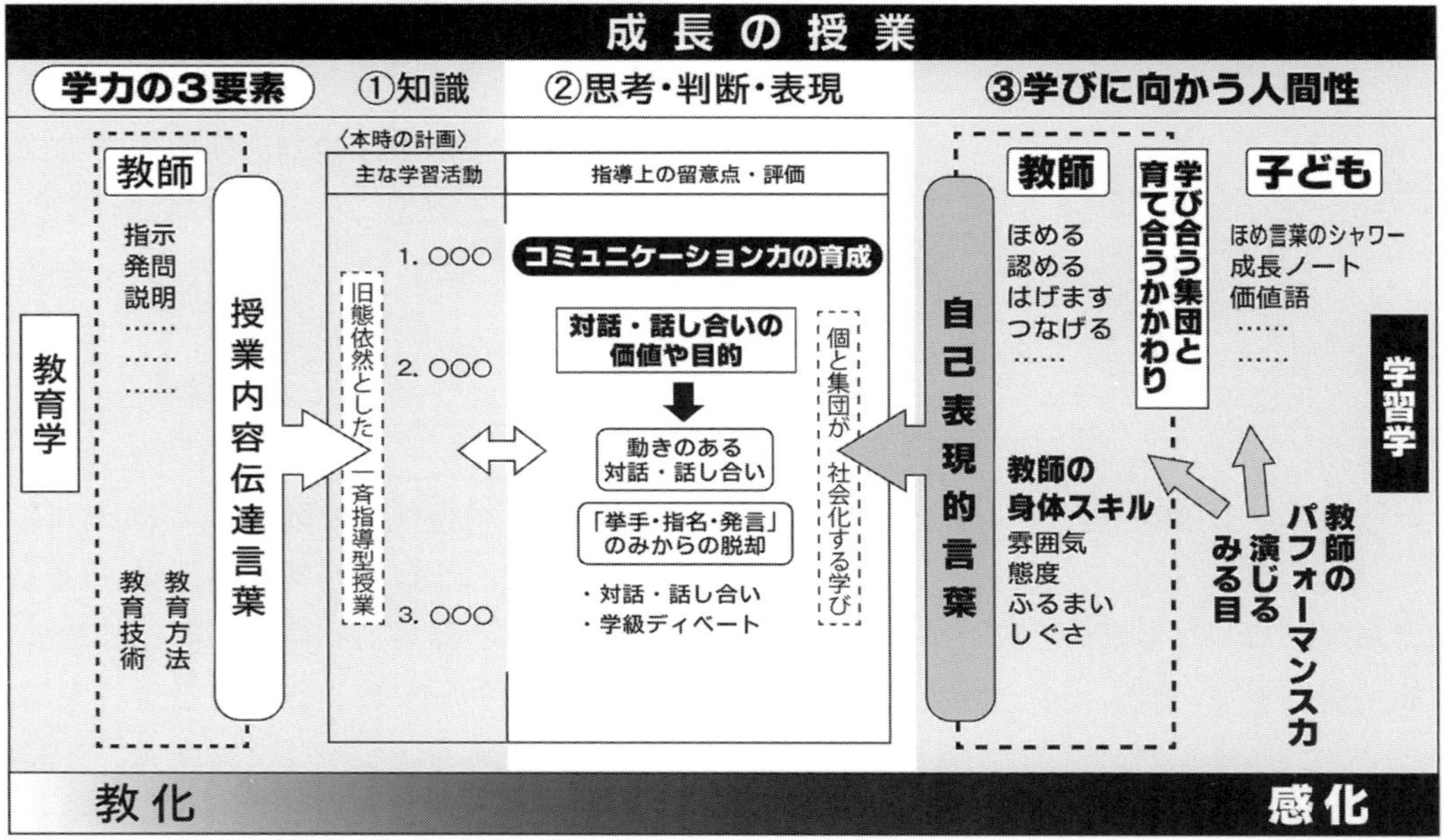

菊池道場の顧問でもある京都芸術大学の本間正人先生が、以前から提唱されている「教育学から学習学へ」という考え方に立っているのです。

前ページの資料の「自己表現的言葉」を大事にしているのです。授業は、「授業内容伝達言葉」だけではなく、教師のほめたり、認めたり、励ましたりといった「自己表現的言葉」が大事だと考えているのです。

授業の学び合う温かい雰囲気は、教師のそのような言葉かけで大きく左右されるからです。

そこで、指示等の「授業内容伝達言葉」とほめ言葉が生まれるポイントを考えてみました。

普通、指示出しの目的には以下の４つがあると思います。

①目指す教室のあり方、授業態度を示すため
②教師と子どもの関係性を調整するため
③主体性とコミュニケーション力を向上させるため
④教授行為を効率的、効果的にするため

多くの教室では、④ばかりが強調されているように感じます。学習意欲を重視する学び

合う教室では、①〜③の指示が大事だと考えます。

レベル1 ほめ言葉が出やすいように指示の言葉を変える

前述した感想にもあったように、「〜しなさい」といった言い切る指示の言葉だけではなく、子どもたちと共に学び合う関係性が出てくるような指示の言葉を多用するのです。

例えば、

①〜しましょう
②〜できそうですか?
③話をしてもいいですか?

などです。そうすると、その指示語の後の言葉が変わります。それぞれに、

①「○○さん、着手スピードが速いですね」
「いいですね。パッと反応するところがさすがです」
②「目で合図してくれました。ありがとう」
「○○くんのそのうなずきからやる気が伝わってきます」

③「聞く姿勢になってくれる人が多くてうれしいです」

「〇〇さんの『静かにしよう』の言葉がさすがです。拍手」

といった後の言葉が、ほめ言葉になりやすいのです。

言い切る場合の教師の身体性、言葉の質、話し方、関係性と、文末を工夫する場合の教師のそれらが大きく変わってくるのです。子ども目線になり、学習意欲を重視することにもなりますから、自然と子どものよさに目が向き、ほめ言葉があふれてくるのです。

レベル2 子どもと子どもがほめ言葉でつながる指示を工夫する

学び合っている教室は、聞き合う教室といえます。

①お互いの意見を笑顔で聞き合えているか

②よい意見に思わずほめ言葉が出ているか

③称賛の拍手が自然に起こる集団になっているか

私は、学級の共感力をこの3つの視点で判断しながら飛込授業をしています。

ある程度の共感力がある教室では、

①「〇〇さんの聞いているときの笑顔がいいですね。真似できるといいなぁ」
「話し手を見て聞いているときに、口角が少し上がっていましたよ。みんなもしてみよう」
②「『いいねぇ』と思わずつぶやいた友達がいました。さすがです。優しさを出したいですね」
「今、〇〇さんが口にしたほめ言葉聞こえた？　素直にほめ言葉を出し合いたいですね」
③「今、〇〇さんは、拍手をしようとしていたよね。素晴らしい。みんなも指の骨が折れるぐらいに拍手」
「いい教室です。自然に拍手が起きる教室はそんなにありません。大切にしたいですね」
などと、「ほめ言葉＋指示」で声かけをします。

共感力がまだ十分に育っていない教室だと、
❶「笑顔で聞き合いましょう。……笑顔が増えました。温かい教室ですね」
❷「さすがとか最高とか、リアクションしましょうね。……そうです。その調子です。いい空気が出ています」
❸「拍手の用意。……みんなが笑顔になれますね。拍手があふれる楽しい教室にしたいで

すよね」

と、「指示＋ほめ言葉」の組み立てで言葉かけをします。

レベル３

ほめ合う空気が生まれるような指示内容を心がける

授業中に○○さんをほめます。○○さんのよさを本人に伝えるだけではなく、学級全体にも価値づけてほめます。

そのときに、次の３つの空気が生まれ、それらを感じられるようでありたいと思っています。

①○○さんから私へのうれしい気持ち
②○○さんへの全体からのほめ空気
③全体から私への信頼と安心感

この３つの空気です。

具体的には、次のような言葉かけです。

「今、５人の友達が発表してくれました。自分は、違うことをノートに書いているぞと

いう人。手を挙げましょう。(○○さんだけが手を挙げた)
ちょっとみんな聞いてくれる。(胸を手で押さえながら)メンタルが弱い人は、もしかすると、『みんな手を挙げてないから、僕も私も手を挙げるのやめた』といって手を挙げないかもしれない。でも、○○さんは、誰が手を挙げようが挙げまいが関係なく手を挙げた。カッコいいでしょ。こういう人が『一人が美しい』というのです。【①②が生まれるように】

このような友達がいる教室は、全員が伸びるのです。○○さんも立派だけど、たった一人でも手を挙げてもいいという安心感を学級のみなさんがつくっているからです。だから、みなさんも立派です。みんなで拍手【③が生まれるように】」

最初に提示した試案図の「教師のパフォーマンス力」や「身体スキル」も問われるレベルだと思っています。

非言語をほめる

菊池道場愛媛支部のメンバーが、私の飛込授業を分析してくださっています。授業開始時に、

「(廊下からのぞき込むようにして)こんにちは。菊池です。拍手で迎えてもらえるとうれしいんですけど。(子どもたち拍手)ありがとうございます(笑顔で、笑顔の子どもたちを見ながら教室の中に入る)」

こんなやり取りをしていました。

その一瞬の場面に対して、

「教室の入り方が、まずのぞき込む、笑顔で入るという二段階で、教室としてのパーソナルスペースをいきなり侵害していない。生徒さんたちは安心できる。その上、拍手で生徒さんたちが主体的に迎え入れた感が生まれている」

「アイコンタクトで、『孤立ストレス』を感じさせないようにして社会的なつながりを形成し、同時に『周辺視野』（武術で言われているもの）でクラス全体を見ているように思える」

といった「ほめ言葉」をたくさんいただきました。

素直に喜んでいます。ほめられてうれしいのは、大人も子どもも一緒ですね。

私は、授業もコミュニケーションだと考えています。直接発する言語内容も大事ですが、声や表情などの非言語がより重要であると考えています。愛媛支部の方は、私のそんな非言語を丁寧にほめてくださいました。

そこで、次は、「非言語のほめ方と育て方」について考えてみます。

レベル1

非言語のほめポイントを理解して「一点突破」でほめる

子どもたちの発表やスピーチなどの場面を想定してください。非言語のほめる視点は、どんなところにあるのでしょうか。私だったら、次のようなところを意識してほめていきます。

■声

・ちょうどよい大きさ
・高低、大小、強弱、緩急、明るさ
・スピード
・間

■表情

・笑顔
・視線（方向、時間）
・目の動き
・口の形

■態度

・指、手、腕の動き
・姿勢（向き、傾き、立ち方）
・首のうなずき、かしげ方
・足の動き、開き方

・立ち位置、身体全体の移動の仕方
慣れないうちは、「一点突破」で取り組むことをお勧めします。

(例) 笑顔

・表情が柔らかいので聞きやすかったですよ。
・話し始めの笑顔が、「聞こう」という気持ちにさせてくれました。
・口角が上がっていて、聞き手も笑顔になりますね。
・あなたの笑顔は、この教室のみんなにも伝染していきますね。

多くの先生は、「言語内容」の是非ばかりを気にされるようです。「できたかできないか」「正しいか間違いか」の評価が中心のようです。減点法の考え方、評価に陥りがちです。

そうではなく、どれだけ伸びたか、どれだけ意欲的になってきたか、といった加点法で子どもを成長させたいものです。継続することで、一人ひとりの「らし

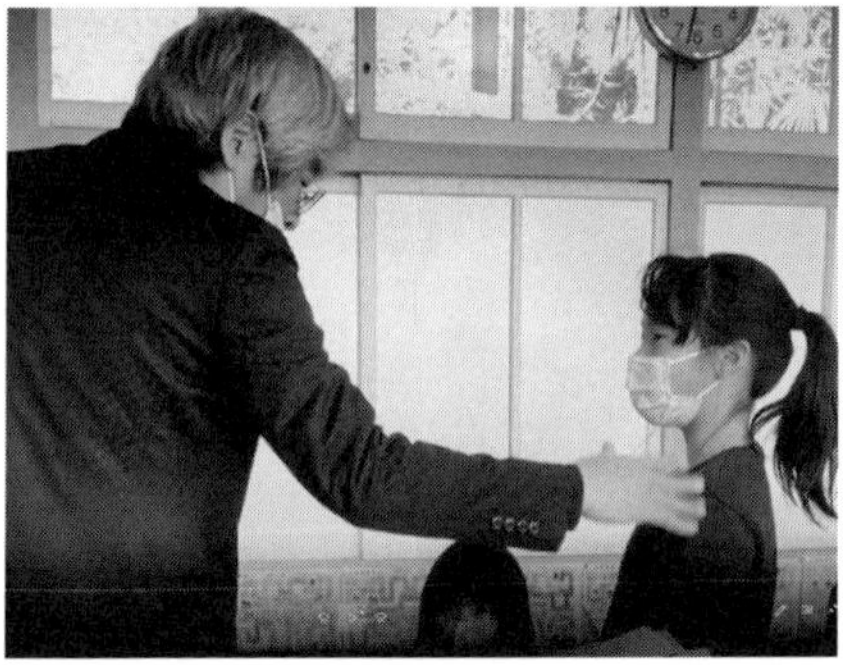

本人が気づいていない非言語のよさをほめて
価値づけよう

さ」も育ちます。非言語に着目するとそのことがよくわかります。

レベル2

再否定して繰り返しほめる

初期の段階では、教師や友達のほめ言葉を素直に受け入れることができない子どももいます。薄い人間関係の中で、そのような受けとめ方が身についてしまっているのでしょう（ここでは、ほめ方の不十分さにはふれません）。

そのような子どもと出会うと、教師の中には、「嫌われるかもしれない」「関係が今以上におかしくなるかもしれない」といった心配をし、ほめて育てる指導から遠ざかる方もいるようです。

結論から言うと、そのような心配をする必要はありません。子どもたちのマイナス反応を気にすることには意味がありません。必ず効果は出るのです。

素直に受けとめない子どもには、「繰り返す」ことが重要です。

例えば、

『姿勢がいいね。聞き手に正対している』

「えっ、別にそんなことありません……」

『どうして、そんなふうに思うの？』

『そこが、あなたの素晴らしいところだと思いますよ』

『だから、思いが伝わり学び合いが生まれるんですよ』

『先生は、あなたのコミュニケーション力のすごさだと思います』

といった感じです。

非言語は、自分ではどのような状態なのか、なかなか理解できません。ですから、子どもたちの中には、客観的に自分のあり方がわからず、不安を抱えている子も多いのです。

・大丈夫。ちょうどよい大きさの声になってきていますよ。

・そんなことないですよ。手の動きで伝えたいことがはっきりしていたよ。

・気にしない。大人でも落ち着いた姿勢はできません。

このように、子どもの否定的な言葉を再否定して、ほめ言葉を繰り返すのです。臆することなく全力でほめるのです。最初のほめ言葉も生きてきます。

ほめ言葉は、じわりじわりと効いてくるものです。無意識的に働いて、子どもの行動をも変えてしまうほどの力をもっています。

レベル3

本人が自分で気づけるようにし向けてほめる

コミュニケーション力は、体験しないと伸びない力です。

他の学びと同じように、「ここを直しなさい」「ここが問題です」などと一方的に問題を指摘されて指導されるよりは、自ら改善すべき点に気づいて体験を通して学んでいく方が、コミュニケーション力を伸ばすことにつながる望ましい指導のスタイルです。

例えば次のようなやり取りです。

『うう〜ん、よくなっているけど、何か気になるんだよね。先生には、まだわからないんだけど、あなたは何か思うことない？』

「ちょっと気になるのは、間（ま）です。急ぎ過ぎているというか……」

『**そうだよ！　それ、それ。聞き手の理解を促す間だよ。さすが！**』

子どもが自ら考え気づいたことに対して、思いっきり驚いたり、本気でほめたりするのです。

『何かを直せば、伝わりやすいスピーチになるんだよね。それは何か……。ずっと先生も考えているんだけど』

「もしかしたら視線かもしれません。どうしても、目が泳いでしまうのです。なかなか直せなくて……」

『なるほど！　視線を全体に、などと大事なことだからよく言われるよね。力があるから自分で気づけるんだよね。成長しているね』

子ども自身が考えるように話をもっていきます。気づくのを待つのです。自分で問題に気づいたら、改善する取り組みにも本気でがんばります。

コミュニケーションには正解がないだけに、「一緒に何が問題かを考えよう」といった姿勢で指導することが大切です。特に、その子の個性や性格が出やすい非言語の指導では重要です。

【参考文献】

菊池省三・菊池道場大分支部著『菊池省三　365日の言葉かけ　個と集団を育てる最高の教室』（明治図書）

非言語の身体動作でほめる

「菊池ステップが今日も出ましたね」

「なぜ、先生はあそこでジャンプしたのですか」

「包み込むような腕の使い方がさすがだなぁと思いました」

「笑顔であれだけうなずかれるので、子どもたちはうれしそうでした」

「握手してもらった子どもは気になる子ですが、あれから態度が１８０度変わりました」

といった言葉を、授業後にいただくことがよくあります。

どれも授業中における私の非言語を指してのことですが、私にとっては全てのそれらの行為は「ほめ言葉」です。

私の中では、言葉以外の非言語である身体動作も「ほめ言葉」になると強く意識しているからです。

ここでは非言語による「ほめ言葉」について考えてみます。

レベル1

身体動作の「ほめ言葉」を意識する

パフォーマンス学の第一人者である佐藤綾子氏は、『カウンセラーのためのパフォーマンス学』（金子書房）で、身体動作を以下のように7つに分類されています。

①顔の表情（目の動き、眉の動き、口の形）
②視線（まばたき、凝視の方向、凝視の時間、瞳孔の拡張）
③指・手・腕の動き、腕組み
④姿勢（向き、傾き、立ち方）
⑤首のうなずき、かしげ方
⑥身体全体の移動時間
⑦足の動き、開き方

教師は、これらの内容を「ほめ言葉」とつないで意識するべきだと思います。
いろんな教室を訪問すると、1時間中、無表情の先生や険しい表情の先生が多いです。

硬い体で立ち尽くして、子どもたちとの距離が大きい先生もよく見かけます。まるで「勝ち負けかのコミュニケーション」のようで、参観しているこちらの息苦しさは半端ないです。

そうではなくて、

・存在を肯定するような笑顔
・共感的な柔らかな視線
・温かく巻き込むような腕の動き
・発言を肯定的にとらえる姿勢
・安心感を与えるうなずき
・話しやすい雰囲気をつくる身体の移動
・期待を示す受けとめるときの足

を意識するべきだと思うのです。

「大丈夫ですよ」「がんばっているね」「それでいいんだよ」「もっとよくなりますね」などといった気持ちで、それらを行うのです。

そのような思いは、身体動作からも伝わります。認めてもらっている、励ましてもらっ

教師は、身体動作を「見せている」という意識も大事です

ているといった「ほめ言葉」として、子どもたちの心に伝わります。教室に広がります。

　先生方ご自身の取り入れやすいところから始めるといいと思います。「まずは腕の動きを意識しよう」「自分は、落ち着いた姿勢から『ほめる』を意識しよう」「表情から。口角を上げることを意識しよう」といった感じです。少しずつつながってきて、「ほめる身体」になってきます。

　少し勇気のいることかもしれませんが、自分の授業ビデオを見ることをお勧めします。

レベル2

笑顔とうなずきを意識する

飛込授業時に、次のような対話のサイクル図を板書して子どもたちに説明することがあります。

笑顔→うなずき→あいづち
→　　　　　　←
プラスの感想・質問

私は、「対話型」の授業を大事にしています。担任時代の学級も飛込授業の学級でも、対話が豊かに行われる教室は、笑顔です。笑顔の子どもの多くは、うなずきも自然で温かいです。だから、その後の対話も豊かになるのでしょう。

子どもと教師は鑑の関係です。そのような対話が豊かに行われている教室の先生は、「レベル1」でもふれた顔の表情と首のうなずき、かしげ方が特に素敵です。それによって、教室内の空気が子どもたちと呼応してきます。安心感が広がっていきます。

うなずきのポイントは、

・相手の目を見て
・ゆっくりと深く
・「あるがまま、全て受け入れますよ」という目でうなずく

とも言われています。これを基本形だと考えるのですが、やはり重要なのは、「子どもの気持ちを理解したい、知りたいという心のあり方」だと思います。

・さっきの発表は、とても安心して聞けたよ。
・〇〇さんががんばる姿を見て、先生のやる気が出てきました。
・今のように自分から対話の輪に入ってくれると、先生はうれしいですよ。
・あの質問はするどかったね。先生はドキッとして感動しました。

といった、Iメッセージをおくる気持ちで、笑顔でうなずくのです。主語を「あなた」（YOUメッセージ）ではなく、「私」（Iメッセージ）にするのです。

Iメッセージで大切なのは、相手を思いやることです。その気持ちは、共感の基本です。その気持ちそのものが、子どもに伝わる「ほめ言葉」だと思います。

笑顔とうなずきはセットです。

レベル3

スキンシップもほめ言葉

私は、コミュニケーションの指導を本格的に始めた30数年前から、スキンシップもコミュニケーションだと主張してきました。そのことは今も変わっていません。

・握手
・ハイタッチ
・グータッチ
・肩に手を置く

などの行為です（もちろん、このような行為が「ほめ言葉」として行える子どもとの関係を築いておくということは言うまでもありません）。

先にあげた行為は、大人同士であればよく行われていることです。行為としてはとても簡単なことです。ところが、教室の中になると急に難しくなるようです。不思議なことに、訪れた教室ではめったに見ることはありません。

スキンシップもコミュニケーションです。本気でほめて、その価値を全体に伝えるところが、学び合いへのポイントです

理由はいろいろあると思いますが、「本気でほめよう」という気持ちが弱いからだと思います。

・そのがんばりがうれしいよ。
・感激しました。ありがとう。
・素晴らしい。おめでとう。
・先生もうれしい。喜び合おう。
・そこまで考えていたんだね。先生を超えたね。
・安心して。そのままで大丈夫だよ。

といった気持ちで、必要に応じたスキンシップが行える教師でありたいと思います。

「この子はもっと成長するだろう」「この子の全力の姿は尊い」「みんなで喜び合う教室をつくろう」と、子どもや学級を信じる思いや、喜び感動する気持ちがあれば、私は普通にできると思っています。

「決めつけ」を止める

多くの方とお話をする中で、子どもたちのことを「マイナスに決めつけている」としか思えないような、そんな先生方が多いということが話題によくあがります。

「小学校の高学年だから、手を挙げないし、自分からは……」

「小学校高学年の女子だから、グループをつくって好き勝手するし……」

「表現したがらない中学生だから、発表しないし、言っても仕方ない……」

「〇〇くんと同じグループだから、素直に聞かないだろうな……」

「あの子たちは、どうせ掃除をさぼるメンバーだから……」

といった、マイナスの決めつけ発言をされる先生が多いというのです。

とても残念なことです。

もちろん子どもたちの前では口にしないと思いますが、気持ちがいら立っていたり、ゆとりがなくなっていたりしたときには、「つい本心が出て」しまうことがあるのではないでしょうか。

これは、話し方を注意するというよりも、子どもたちを「見下してしまう」心の習慣を改めることから始めないと、「つい」「うっかり」をいつまでも繰り返すのではないでしょうか。

「つい」「うっかりと」子どもが喜ぶことを言ってしまった、ということはあまりありません。多くの場合は、子どもたちを傷つけているのです。

次は、「決めつけ」をやめて、子どもたちを前向きな言葉や態度、振る舞いで元気にする「ほめ言葉」について考えてみます。

レベル1

まず、共感から始める

上から目線でもなく、もちろん下からでもなく、同じ高さの目線で共感をもって話しかけるように心がけることで、話し方も変わってきます。

・少し恥ずかしいよね。でもね、ここでがんばってみると自分の成長につながるよね。応援していますよ。

・友達との関係って難しいよね。でもそうやって、少しずつ自分に気づいていくんだよね。これからも一緒に考えていこうね。

・自分を出すということは大人も難しい。気持ち、わかるよ。でも、お互いに理解し合うことになるよね。やってみる価値がありそうだね。

基本は、「あなたの気持ちもわかる」と共感を示し、「でも、やりがいもありそうだ」と前向きな言葉を入れ、「一緒にがんばろう」と励ます、ということです。

そうすることで、

・変わってきたね。うれしいよ。

・以前と違うね。成長しているね。

・もっとよくなるね。楽しみです。

といったほめ言葉が、その後に出てくるようになります。

マイナスに決めつける教師（人間）は、「あの子は、こういう子」と、小さいイメージでひとくくりにしてしまうことで、安心するのでしょうか。そうではなくて、プラスのいい方向へと強い思いをもち、お互いが前向きになるようにしたいものです。

「つい、うっかり」は、子どもたちを上から目線で見ているからなのです。

レベル2

空気の暴力を出さないようにしよう

タレントのローランドさんが、テレビ番組『徹子の部屋』に出演された際に、「3つの暴力」の話をされたそうです。暴力には、

・言葉
・殴る蹴る

といった暴力の他に、

・空気の暴力

があると話されたそうです。

ある中学校で、「空気の暴力」とはどのようなことか考えてもらいました。中学生は、次のようなことを挙げました。

・無視や気づかない態度
・同調圧力

・間接的な負の態度
・意味のないため息
・イライラした仕草や雰囲気
・露骨ではないが馬鹿にした行動
・自分だけに違う接し方をする

授業では、友達同士の中で、という扱いでしたが、我々教師にも当てはまることではないかと思います。

例えば、「早くしなさい」と私たちはよく口にします。そのときの自分の姿を想像してみると、反省すべきことも多いのではないでしょうか。

・早く終わらせるために、一緒に考えよう。
・手伝うよ。何をすればいい？

といった、プラスの声かけができるようになりたいものです。

そのような言葉を発しているときの教師は、子どもたちに、

・目を合わせて
・微笑みながら

・やわらかい口調で
話しかけているはずです。その後の子どもたちには、たくさんのほめ言葉をかけることができるはずです。

「早く、早く」に頭が占領されると、子どもたちの気持ちに鈍感になっていくので要注意です。「空気の暴力」を出してしまうのです。

教師は、教室の空気を左右します。プラスの空気の教室は、当たり前にほめ言葉があふれています。

レベル3

子どもたちに敬意を表そう

先日、ある中学校に行きました。若い男性の先生が、数学の授業をされていました。気になることがありました。教師の言葉遣いです。「オレ」「やるんだぞ」「それもあるわな」……といった言葉を平気で口にされるのです。

この先生だけだと思いたいのですが、意外と「タメ口」で話す先生も多いようです（生徒指導上、状況によっては「タメ口」が効果的な場合はあります）。

タメ口で話す先生は、気がつくと、

・何やってんだ！　お前は！

・だからダメなんだよ！　下手だな……。

・おかしいだろ！　やめんか！　ダメ！

といった、怒鳴ったり、嫌みを言ったり、けなしたりすることにつながることが多いようです。どうしても、感情的になりがちだからです。

私が一番問題にしたいことは、このような言葉の使い方をする先生は、子どもと同格の者同士の言い方になっているということです。教師は、自分の立場が低くなっていることに気づいていないのでしょう。

「下手」「ダメ」といった言葉で子どもを叱責するのは自ら教師としての権威をおとしめているようなものです。

このような言葉を連発する教師は、尊敬もされず、信望も集められず、子どもたちからも遠ざけられるのではないでしょうか。

・これではどうしようもないですよ。どうにかしましょう。

・〇〇さん、それじゃあ、友達を納得させることはできませんよ。

感情的にならず、子どもとの距離感を「ことば」で保ちましょう

・あなた自身、この程度で満足できますか。できないでしょ。

といったように、あえて子どもたちに「敬語を使う」というのも一つの方法です。敬語を使うことで、教師と子どもという心理的な距離感を保った話し方になるからです。

子どもたちに、「あなたは」「君は」と話しかけるのも一つの距離感の保ち方です。感情的にならずあくまで冷静に、客観的にものを話すということも、教師として大切な指導のあり方です。

このような話し方をすると子どもたちも素直に聞き入れます。変化が見られます。教師からのほめ言葉も、自然に出てくるようになります。

口ぐせを肯定的なものにする

「できない部分に目を向け指摘するだけでなく、プラスの言葉でフォローして生徒を伸ばしていきたい。自分でも気づかないうちにマイナスの言葉を威圧的な感じで口にしていたと思います」

「日々の言葉のやり取り、行動でのやり取りをもっと丁寧に行っていきたいと思いました。子どもたちが安心して自分を表現できる環境づくりや子どものやり取りをつなぐ力を高めていきたいと思います。できていませんでした」

このような感想を講演後によくいただきます。

どうしても子どもたちのよくないところばかり見てしまう、できていない部分ばかり気になってしまう……このように感じている先生も多いのではないでしょうか。

その気持ちもよくわかります。以前の私がそうでしたから……。

ただ、そのような気持ちが口ぐせとなって、子どもたちに出てしまっては問題だと思います。「あなたじゃダメね」「それじゃあよくないね」「まったくもう」などと、毎日、事あるごとに言われたとしたら、子どもたちはどんな気持ちになるでしょうか。「今日もみんなとがんばるぞ」「気持ちよく勉強に取り組むぞ」といった気持ちにはなれないでしょう。

悪いところを見ていると否定語しか出てきません。必要なのは、肯定的に子どもを見ることです。

レベル1 一言を変えてポジティブなほめ言葉にする

菊池道場の価値語に、「Dの言葉からYの言葉へ」があります。「でも・だって・どうせ」のDの言葉ではなく、「よし」「やるぞ」「やる気」といったYの言葉を大事にして、ポジティブになろうというねらいがあります。言葉を一言変えるだけで、気持ちもその後の行動も大きく変わります。

「あなたじゃダメだ……」の「あなたじゃ」ではなく（仮に口に出さなくても）、「あなた『なら』」と子どもを信じて口に出してみるのです。

・○○さんなら大丈夫！
・○○くんなら最後までできるよ。
・□□さんなら安心して任せられるよ。
・□□くんなら期待できるからうれしいよ。

それぞれの後には、どんな言葉が続くでしょうか。肯定的な言葉が続くはずです。子どもは、教師からのプラスの評価を感じ取ります。

もちろん、言葉を発せずに、

・△△さんなら……（ここまで言って、無言で本人を期待の目で見つめる）。

という方法も有効です。

「なら」の他にも「こそ」や「には」という言葉も口ぐせにしたいものです。

・君だからこそできることがある。
・○○さんだからこそ素敵な方法が考えられる。

「こそ」の後には、明るいイメージの言葉が続きそうです。

・□□くんには、特に楽しんでほしいんだ。

・△△さんには、小さな失敗など気にしないでほしい。
「には」の後には、未来志向で希望が語れそうです。

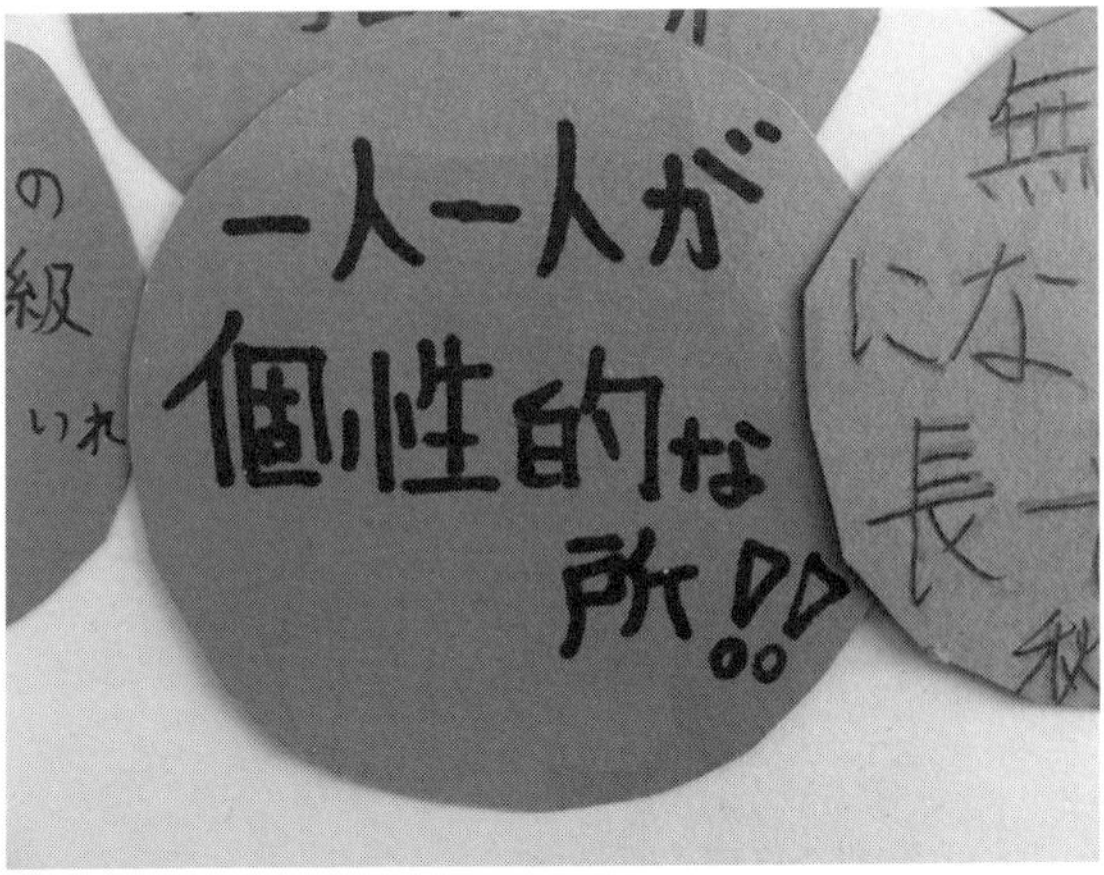

ちょっとした口ぐせを変えることで、子どもは育ちます

レベル2

肯定できる部分をほめる

私は、ディベート指導も大事にしています。指導する中で大切にしていることに、

○物事を両面から見る

○人と論を区別する

ということがあります。これらは、「ほめ言葉による指導」でも言えることだと思います。

子どもは、失敗を繰り返しながら成長していきます。ですが、子どもたちの言動で、「全否定」すべきことなどあり得ません。「全否定」は「人格否定」ですから、このことは当たり前です。

決して0点はないはずです。50点か80点かはわかりませんが、どこかしらよいところがあるはずです。

■よいところと悪いところを整理する

・積極的に手を挙げたところはよかったね。でも、見通しを立てていなかったところが残念だったね。

・考え方は○○くんらしくさすがです。でも、具体的なやり方が不十分だったのかな。

このときに注意することは、最初に「よいところ」を伝えることです。よいところを優先的に見ようとしていることが伝われば、子どもは安心感を覚えます。

■「人」と「こと」を区別する

失敗した「人」ではなく、失敗した「部分」に焦点を当てるべきです。

・〜〜のところは、確かによくなかったね。……とすれば上手くできていたんだよね。

・〜〜は思うように進めることが難しかったね。でも、……を準備しておくべきだったと気づけたね。

このように、具体的に間違った部分だけを指摘するのです。そうすれば、子どもも同じ失敗を繰り返さなくなるでしょう。次回は、そこをほめることができます。

このような言葉かけをしていたら、常に肯定的に子どもをとらえようという習慣ができてきます。

・この前上手くいかなかったことを活かすとすると……

・前回の○○くんの取り組みを活かすとするなら……

といった発想が、自然と生まれてきます。「活かすなら」と子どもたちに投げかけると、いろんなアイデアも出てきます。活気あるコミュニケーションが広がります。

レベル3

希望に目を向けほめ合う

子どもたちの失敗に対して、きちんと叱ったり注意したりすることは確かに必要です。しかし、必要以上に嘆いたり責めたりすることはなくしたいものです。

成長途中の子どもたちの「今」にばかり目を向けていませんか？　または、失敗した昨日のこと、つまり「過去」にばかり目を向けていませんか？

そんなことよりも「未来」に目を向けて、プラスのエネルギーで教室をパワーアップしていきたいものです。

・よし、これからだ。〇〇さんのよさを発揮しよう。
・よし、これからだ。新しいチャレンジを楽しもう。
・よし、これからだ。失敗は未成功です。成功に向かおう。

というように、「よし、これからだ」を口ぐせにするのです。

未来へ視点をスパッと変えるのです。

「成長したい」「可能性を広げたい」と思っている子どもたちは、未来を考えるようになります。

このように「未来志向」が定着してくると、

・あなたらしさを出していこう。
・君のがんばりが楽しみです。
・大丈夫。安心しているよ。
・〇〇さんのおかげだ。ありがとう。

といったほめ言葉も自然と出てきます。

素直に理解し合える関係が生まれてきますから、子どもたちものびのびと個性を発揮できる学級になっていきます。

自治的風土が育ってくるので、係活動等もダイナミックなものに成長していきます。

3章

場面別 ほめる技術

授業全般

授業でほめる

まずは、授業中の「ほめる」技術をどう高めていくかについて、考えてみます。

レベル1 自信と安心感を育てる

発言指導

指名時に、その子のよさを一言加えます。

・「話し手に正対している」○○さん
・「笑顔でうなずいている」○○くん
・「『出す声』で話せる」○○さん

といった言葉かけです。本人が笑顔になるような一言を名前の前に添えるのです。周りの

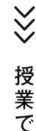

子どもたちにも本人のよさに気づかせ、望ましい学び方を教えることにもつながります。

■机間指導

作業を指示するときに、

指名時にもほめ言葉をかけます
子どもを観察し、よさを伝えます
ユーモアもポイントです

・1つ書けたら合格ですよ。
・一人ひとり違っていいですからね。
・後で友達と教え合い相談し合う時間があります。

といった、安心感を与える言葉かけをします。「全員参加」を第一とします。

■聞く指導

先生や友達が話しているときの子どもたちの様子を観察します。

・〇〇さんが、すぐに先生に目線をくれました。
・〇〇くんが、もうメモしています。

・〇〇さんの、リアクションが速い。

などと、子どもたちのよさを見つけてほめます。非言語の部分に目を向けてください。教室の中にはがんばっている子はたくさんいます。

レベル2 学習意欲を高める

■発言指導

発言する子どもの第一の応援者は教師です。

・〇〇さんの意見が聞きたいな。さあ、どうぞ。

・思った通りでいいからね。大丈夫。

といった声かけはもちろんですが、

・えっと（うんうん）、私が思ったことは（なるほど）、あの（それで、それで）

のように、発言の「間（ま）」にあいづちを打ちます。笑顔で大きめのうなずきなどの非言語も最大限活用して、子どもの発言を受けとめ促すのです。

うなずき、あいづち、笑顔、ボディアクション全てを「ほめ言葉」にするつもりで発言を受けとめるのです。安心感が教室の中に広がります。

■机間指導

ここでは、「挑発」することで、子どもたちの学習意欲を高めるほめ言葉を紹介します。

・お~っと、〇〇さん、もう3つも理由を書いています。素晴らしいです。

・〇〇選手（子ども）、鋭い理由を書いています。追い上げてきました。

スポーツ実況中継風にほめ言葉で語り、ユーモア感覚で煽るのです。

・なるほど、~~~と書いている友達もいますね。参考になりますね。

・＊＊＊という意見が多いなぁ。

などと、「ヒント」を聞こえるように口にすると温かい雰囲気にもなります。この時間は、「テスト」の時

教師は、身体全体を使って発言を受けとめます
立ち位置や動きにもほめ言葉を意識します

間ではないのですから。

■聞く指導

ここでの指導のポイントは、聞き合うことで共感力を高めることです。

・今、○○さんが、△△くんの発言を聞いて思わず笑顔になっていました。

・いいですね。○○くんのように思わず「□□さん、いいね」というほめ言葉が出てくる教室は。

・最高です。こうやって友達の素晴らしい発表に拍手が起きるんだ。素敵な教室だよね。

などのほめ言葉を、教師がまず子どもたちにかけてあげたいものです。

自然に生まれる「笑顔とほめ言葉と拍手」が、教室内に共感力を育てる教師の言葉かけのポイントです。

レベル3

教室につながりを生み出す

■発言指導

教室での指導は、学び合う方向に向かってなされるものだと考えています。

・○○さんのやる気が教室の空気を変えてくれました。

・○○くんの~~~という内容は、みんなの学びを深めてくれますね。

・何人かの友達が話してくれたこととつながる意見が今の○○さんですね。

ここでのほめ言葉のポイントは、「個の意見と全体の学びをつなぐ、個のよさを全体にプロデュースする」ということです。教師は、つなぐことを意識した意味づけ、価値づけをしたいものです。

■机間指導

・○○さんが、「この意見でもいいのか」と質問してくれました。一生懸命に考えているから出てくる質問ですね。

・今の○○くんの意見は、みんなと～～という点で関係させたいんですよね。学び合うきっかけになりますね。
・後で交流します。この問題だと誰と対話したいですか？　どんな意見の人と考え合ってみたいですか？　それも考えておきたいですね。
ここでも個の学びを全体へとつなげるようにします。そこに価値を置くのです。全体での学びや交流といった、次の活動に向けての意欲も高めます。

■聞く指導

ここでの指導のポイントは、フォローし合う学びの集団を育てるということです。例えば、列指名時に、
・○○さんの発言のキーワードが言える人いますか？（何人か挙手）素晴らしい。こうやって聞き合う教室ができるのですね。
・（上手く発言できない子どもがいたら）誰か代わりに言える人いますか？（何人か挙手）さすがですね。こうやってフォローし合う、これが教室ですよね。素敵な関係が美しいですね。

教室は自分らしさを出し合う場です。違いがあるのは当然です。お互いにフォローし合ってそれらを育て合う教室を目指すべきです。

例えば、

「○○さんの発言のよさは？」

と問うたら、

◆発言内容……構成、文の組み立て、言葉の使い方　など

◆話し方……声の大きさ、目線、表情、態度　など

以上のような視点で、お互いにほめ合える教室にしたいのです。

・結論の後に理由が述べられていたので理解しやすい構成でした。

・ちょうどいい声の大きさでした。落ち着いた表情だったので、逆に説得力が増した気もします。

などと、ほめ言葉があふれる教室にするために、教師がほめるのです。

授業全般

ほめるポイントと教師の考え方

中学校で飛込授業をした後に、次のような感想を参観された先生からいただきました。

「授業が始まる前から既に教室の生徒とのやりとりがあり、生徒たちとの関係づくりにおける引き出しの多さや注目のさせ方、聴かせ方、そして関わった生徒（指名した生徒や発言した生徒）には必ず嫌な思いをさせないような認める言葉やプラスの価値づけ、アフターフォローや握手などを生徒に返している姿勢にとても学ばされました。たった1時間の中でも心の安心感をここまでつくってあげることができるのかと感動しました。（後略）」

中学校の先生の感想ですが、小学校でも同じだと私は思います。このような感想をよくいただきます。

授業の中のちょっとしたプラスの声かけやパフォーマンスで、子どもたちの学びに向かう心を育てることができます。次は、そのポイントと考え方について考えます。

レベル1

アイコンタクトと笑顔＋パフォーマンスでほめる

授業を参観していて、「もう少し穏やかな表情はできないのかなぁ」とか、「黒板や指導書ばかり見ないで、子どもたちにもっと目線をおくってあげて欲しいなぁ」といった気持ちになることがよくあります。残念な気持ちになります。

私は、子どもたちが見せるアイコンタクトや笑顔や柔らかい表情だけでも、本気でほめようと心がけています。

・今、先生と目を合わせましたね。やる気が伝わりました。うれしいです。

・先生が話し始めたと同時に目を見ましたね。反応の速さにがんばろうという気持ちを感じます。

・みなさん、一斉に先生に目線をおくってくれています。優しい目をしていますね。温かい教室ですね。

・先生の動きに合わせて体を動かしていますね。そうやって聞き合うんだ。いいクラスですね。

教師の声かけとパフォーマンスで教室の空気が決まる

・目が合うと笑顔になる。それって最高のプレゼントだよね。
・みなさんの表情が柔らかいですね。自信と安心があるからでしょうね。だからいい空気感の教室になるんだ。

このような言葉かけと共に、

○指の骨が折れるような拍手
○いつもの2割増しの笑顔
○場所移動は軽快なステップ
○子どもに近づいての握手
○両手を話す内容に合わせて動かす
○喜びを表すその場での軽いジャンプ

といった、非言語のパフォーマンスを意識して活用します。

ある中学3年生が、

「先生はとてもポジティブで明るく、よいことにたくさん目を向けてくださりました。そして、人を楽しませる力があり、僕もこの授業が楽しかったです」

と書いてくれていました。教師はもっと授業を楽しむべきだと思います。子どもたちを見て、ライブのやり取りを楽しみ、もっと上機嫌でいるべきです。中学生でもこのような感想をもつのです。小学生ならなおさらです。

先の○印のいくつかを、自分のキャラに合わせて取り入れたいものです。

レベル2

少し負荷を与えて、子どもの挑戦をほめる

講演会場でよく聞かれる質問です。

「菊池先生は、叱らないのですか？」

というストレートな内容です。

私の答える内容は、「生活面では叱ることはあります。授業中に叱ったら負けだと思って、授業中は『10割ほめる』と決めています」といったものです。

そして、最近はこれにプラスして、「叱らなくてすむように、前もって負荷を与える指

導をして、その成長をほめるようにしています。つまり、叱らなくてすむようにしかけているのです」と話しています。

具体的には、次のような負荷と、それを乗り越えようとする子どもへのほめ言葉のことです。

【先生は遅い人を待ちません】

↓

・写すスピードが速くなってきたね。
・着手スピードがアップしています。
・先生のチョークの先を見ています。
・先生の口元を見ているから次の動きがスムーズなんだね。
・先を読めるようになってきたね。
・以前よりも早くなりました。失敗を生かしているところがさすがです。

（もちろん個別の配慮はします）

【先生は指名しません。自分から立って発言します】

↓

ほめ言葉とセットに「価値語」を「5分の1黒板」に書く

・一番です。口火を切ってくれました。
・自分から立って発言できました。強い気持ちの表れですね。
・出る声ではなく出す声でした。公の言葉遣いでした。学びに勢いがついてきましたね。
・自分が発言する順番を意識していますね。みんなの学びの流れも予想して意識しています。
・勇気がいるよね。自分から学ぼうという前向きな気持ちが少しずつ育ってきましたね。
（もちろん個別の配慮はします）

ここでもレベル1でもふれたように、非言語のパフォーマンスも取り入れてほめることがポイントです。当たり前のことですが、そのときは、本気でほめたいと思える教師でありたいものです。決して甘やかすのではなく、望ましいレベルまで引き上げる指導ですから、本気でほめ言葉を口にして全身でほめたいものです。

レベル3 子どもの学びを信じ、驚きと好奇心をもってほめる

このレベル3では、具体的なほめ言葉というよりも、教師の考え方について3つ述べたいと思います。

一つ目は、**「子どもは、自分で成長する力をもっている」と信じるということ**です。

残念ながら、訪問する学校の中には、子どものことを下に見ている教師が目につくことは多いです。どうしても叱ることが多くなり、ほめ言葉やそのパフォーマンスはできません。それでは学びに向かう心を育てることはできません。

二つ目は、**教師のためではなく、子どものためという視点を大事にするということ**です。

教師が授業を進めるために聞きたいことを中心に問いかけても、子どもは自分のことを自分の言葉で語ったりはしません。そもそも何のために問うのかと考えたら、「子どもたちの思考を深め、広げていくことに教師の問いが有効だから」ということに気づくはずで

す。子どもを中心に考えるべきです。
三つ目は、**子どもたちの些細な違いに好奇心をもって接するということ**です。
子どもたちの発言を引き出したいと思うのであれば、驚きを伴いながら、
・それってどういうこと?
・どうして、どうして、どうして?
・へえ~、そういうこと!　なるほどね!
といったほめ言葉が自然と出てくるはずです。「聞いているよ」「理解しているよ」という
ことを、言葉だけではなく態度でも子どもに伝わるように示していくと思います。
好奇心とほめ言葉で、子どもの意見を引き出すことができるのです。

授業全般

学び合うテンションをあげる

私は、在職中は、授業を行う上で、

①どんな教材や資料を用意しようか

②どんな授業展開をしようか

といった2点を、特に考えていました。

しかし、飛込授業を行うことが多い現在では、それらに付け加えて、

③どんな空気をつくろうか

ということを、とても気にするようになりました。子ども同士をつなげて、学び合う温かい空気をどのようにつくり出すかということです。

そこには、「ほめ言葉」は外せない要件です。次は、そこにスポットを当てて述べます。

レベル１

プラスの事実を取り上げる

教師は「動く」ことです
そうすることで、教師自らのテンションも上がります

コーチングの第一人者である京都芸術大学の本間正人先生は、「ほめるための観察力は８割以上を占める」といったことをご著書に書かれています。

①ほめ言葉でテンションを上げる

・重心が低い姿勢が「やる気の姿勢」でいいですね。
・笑顔がいいですね。気持ちが明るい証拠です。
・自然体が柔らかいですね。目に素直さが出ています。

このようにパッと目についた事実をほめます。慣れないうちは、「姿勢をほめよう」「目線をほめよう」「笑顔の子をほめよう」などと決めておくといいでしょう。

教師は、明るい笑顔と声で本気でほめます。教室のテンションを上げるには、少し大きめの身ぶり手ぶりや拍手をセットに「動く」ことです。子どもたちだけではなく教師のテンションも上がります。

②個をほめて全体をほめる

・〇〇さんの質問がいいですね。□□さんの質問も鋭いです。みんな、いい質問しますね。

・みなさんの代表として一人の友達のことを話しますね。それは、〇〇さんの笑顔です。全員素敵です。

・□□さんの声がいい。「出る声ではなく出す声」ですね。みんな張りのある声じゃないですか。

ここでのポイントは、「みんな、いいです」です。個人をほめるだけでもいいのですが、「みんな、いいです」が入ると、教室全体の空気が前向きになります。みんなで学び合おうという空気に変わります。

③全体を動かして全体をほめる

・「隣の人と5秒間話しましょう」（子どもたち話し合う）「止めましょう」（子どもたち止

める）「速い。驚きました。みなさんの『切り替えスピード』がとても速いですね」
・「全員そろって立ちましょう」（子どもたち立ち上がる）「速い。その上、姿勢も完璧です。全員、そろった上に美しい」

のように、全員に指示を出して、その後に全員をほめていきます。もちろん「できていない」子どももいますが、ここではできている子どもたちにスポットを当てます。そうすることで、「みんなで取り組もう」「全員でがんばろう」といった一体感が教室の中に育ってきます。ゲーム的な楽しさの中にも、ピリッとした空気が広がるのです。

レベル2 望ましい未来予想を付け加えたほめ言葉

教室の空気をどんどん温めていきます。子どもたちを一気に巻き込む感じでほめていきます。

①ほめ言葉でテンションを上げる

・学び合おうというこの雰囲気が素敵です。先生もこれからが楽しみです。

・気持ちが前に出ています。こんな教室はもっとよくなりますね。
・みなさんのような礼儀正しい教室は、どんどん加速していきますね。
子どもたちが、「自分もがんばってみよう」と感じられるように本気で伝えます。Iメッセージで伝えるところがポイントです。

②個をほめて全体をほめる

・○○さんのような友達のいる教室は、マネし合ってみんなが○○さんのような話し方を身につけてどんどんよくなるのです。
・□□くんの「〜〜」がかっこいいじゃないですか。拍手をおくろう。（拍手）「〜〜」が当たり前になって、いい教室にますますなるんじゃないですか。
・○○さんの今の発言を聞いていた人？（数名挙手）いい教室だね。こうやってキーワードを聞き合い、学び合う教室ができていくんだね。
未来の可能性を伝えることで、「よし、みんなと一緒にやってみよう」といった思いを育てていきます。

ここでのポイントは、友達のよさを具体的に伝えることです。その方向は、「学び合う、つながり合う」です。これからのあるべき教室の姿です。

ほめることで、未来に夢をもち、子どもたちは成長します

③全体を動かして全体をほめる

・○○さんに拍手。（拍手）さっきよりも全員が全力の拍手ですね。チーム○年○組が、これからも最高の成長を目指すんだ。

・□□くんが発表するときは、みんな心臓を少し向けて聞き合うんだ。（全員が正対する）なるほど、こうやってみんなで学び合う自分たちの教室ができていくんだね。

・グループで話し合いましょう。（各グループで話し合いが始まる）途中だけれどもちょっと止めて。（話し合いを中断する）全員が頭も近づけて話し合いをしていました。一人も見捨てない話し合いのレベルがどんどん上がっていますね。白熱する教室が実現できそうです。続けましょう。

ほめ言葉の意味づけや価値づけはどうしても長くなりますが、この効果は大きいですね。

教師の目指すべき授業、教室が問われます。

レベル3
子どもにヒットする言葉をプラスする

私は、次のような「ほめ言葉」を素直に言える教師でありたいと思っています。

レベル1やレベル2の中や後に、自然と口に出てくるように、私なりに心がけている「ほめ言葉」をいくつか紹介します。子どもたちの心に届けたい言葉です。

・先生が教えられました。
・先生にもできないなぁ。
・これからも頼みますね。
・みんなと勉強すると楽しくなります。
・自分（たち）ががんばったからだね。ありがとう。
・こんな学級は、これからもっと化けますね。期待がふくらみます。

子どもたちにほめ言葉を惜しみなく届けたいものです

・このままでいい。みんなの方向は間違っていない。

私の好きな言葉に、

「ほめられた人よりも、ほめた人のテンションが上がる」

があります。コミュニケーション豊かな学級のテンションは、規律ある中で高いです。そのために、まず、教師がそうありたいものです。

対話・話し合い

意味のある対話・話し合いにする

いろんな教室で対話・話し合いの活動場面を参観します。

「お隣と話しましょう」「グループになって話し合いましょう」といった指示でよく行われます。

「何のために」という目的について疑問に思うことが多いですが、「そもそも」それらの活動のメリットやデメリットについて理解されているのかなぁと心配になることがあります。そもそもペア・グループ・少人数の話し合いを授業に取り入れて起きるメリットやデメリットとはどんなことでしょうか。

■メリット

①学習が主体的、積極的になる

②教え合い、助け合い、励まし合って学習できる
③子どもの社会性を育てることができる

■デメリット

①人間関係が上手くいかずトラブルが生じやすい
②何をするのかという明確なめあてが難しくなる
③目標とグループの実態が合わず、学習が進まない

以上が代表的なことでしょう。

これらのメリットがよりあって、デメリットがなくなるような「ペア・グループ・少人数の話し合い」場面におけるほめ言葉を考えてみます。

レベル1

メリットを意識する

先に挙げたメリットを意識します。教室を見回して「できている子」「やろうとしている子」をほめるのです。

【メリット①の例】

・○○さんは、自分から話しかけています。優しいですね。

・パッと向き合い取り組むペアが何組もいます。さすがです。

【メリット②の例】

・○グループは、みんなが前かがみで話し合おうとしています。やる気が伝わります。

・いいですね。○○さんは答えを教えるのではなく、絵にかいて丁寧に説明しています。

【メリット③の例】

・○○さんは、△△さんに「一緒にしよう」と声をかけていました。温かいですね。

・○班の話し合いは、お互いのいいところを取り入れ合ってまとめようとしています。対立で終わらないいんだ、すごいなぁ。

何を話し合っているのか、ということは当然大事ですが、どのように話し合っているか、ということも重要です。

スポーツの実況アナウンサーのようにほめ言葉が出てくるようにしたいものです。

レベル2
デメリットをなくす

次は、デメリットをなくすように意識します。

どんなに「よい」と言われている学級でも、必ず「気になること」は出てきます。それは、ピンチではなくさらなる成長に向かかえるチャンスだと考えるべきです。

デメリットをなくし、メリットに変えるぐらいの気持ちでいたいものです。


【デメリット①の例】

（男女で固まっている）

何か気になることはありませんか。

←

（男子は男子と女子は女子とで……）

そうですね。もう○年生なのだから少し恥ずかしいですよね。…では、再開しましょう。

←

（男子女子関係ない交流が行われる）

←　さすがです。修正力が抜群にいいですね。気になることがあっても、それをクリアすればいいのですよね。そうやって成長していくのですよね。

【デメリット②の例】

（途中で話がずれてきている）

←　意見が活発に出ている証拠だね。

（今までの話し合いを認めても若干の不満がまだ残っている）

←　そもそも何ができたらいいのかな。

（話し合いの目的を再確認させる）

←

一生懸命になったからぶつかり続けたんだよね。それをみんなで乗り越える。みんなで成長する。期待しています。大丈夫です。

【デメリット③の例】

知識を重視する授業観が強い先生の中には、できる子が教え、理解が十分でない子はただその説明を聞くだけという活動になっていても特に気にされないことが多いようです。

事前に次のような言葉かけをしておきたいものです。

・話し合いでは協力し合いましょう。
・わからないときに質問することも協力です。
・一方通行にならないように聞き手が協力してあげましょう。

といったことです。そうしておくと、

・恥ずかしがらないで質問ができたね。それによって深まりましたよ。
・自分にも向き合っているから質問ができたのでしょうね。素敵な学び手だと思います。
・あいづちや質問、感想のキャッチボールがいいですね。明るい温かい雰囲気が生まれるほどでした。

・傾聴し合うから話す側になっても言葉が続くのですね。全員が参加者となっていました。

レベル3

学びの世界を広げる

一斉「指導」、個別「指導」と違って、ペア「学習」、グループ「学習」は、「指導」ではなく「学習」です。子どもたちが主体です。

レベル1やレベル2が効果を発揮し始めると、子どもたちの学びの規模が拡大してきます。学びがダイナミックになるのです。次のようなほめ言葉が出てくるはずです。どのような場面でしょうか。

・友達に問いかけて学びを一緒に進めていくんだ。大事な力だよね。
・他のグループの人も必要に応じて一緒にするんだ。その動きが本当の必要な学びだよね。
・休み時間なのにまだ考え続けているんだ。最高の学び手だね。
・自分からパソコンで調べたり図書室に行ったりして学ぶんだ。みんなのお手本だと思います。
・潔く自分の立場を変えたね。それだけ真剣に学んでいる証拠だね。心の弱い人にはできません。

・ただの司会役ではなく、参加者の意見を自然に出させる声かけでした。見事なファシリテーターでしたよ。

・○○さんは、先生に話し合いの進め方や出てきた不明な点を質問し、確認してグループに戻っていき、その後の話し合いを進めていきました。リーダーシップを発揮できていますね。

ほめ言葉によって、子どもたちのペア・グループ・少人数の話し合いが活発になり、その質は深まり、学びの規模も拡大していきます。そうなるように見通しをもって育てていきます。

コミュニケーションは、大変複雑です。表現される言語内容だけではありません。非言語の部分も大きな要素です。また、学級づくりの視点は外せません。同時進行で育っていくからです。

子どもの事実をよく「みて」ほめ言葉をかけたいものです。

対話・話し合い

対話・話し合いを成立させる

学校訪問をしたとき、私は授業を改善するために、
「少人数による交流場面を授業の中に取り入れましょう」
と話しています。自由な立ち歩きによる対話・話し合いを、授業の中に位置づけましょう
ということです。

これは、「挙手→指名→発表」のみで進んでいく悪しき一斉指導からの脱却ともつながっています。

自由な立ち歩きを伴うため、隣同士のペア学習よりも指導者の抵抗が強いようです。参加できない子どもがいたり、何かトラブルが起きたりするのではないかという心配があるからでしょう。俗にいう「学級づくり」的な気になることです。

それらから目を背けていると、いつまでたっても「主体的・対話的で深い学び」の実現

はできません。

今回は、自由な立ち歩きのある対話・話し合いを成立させるほめ言葉について考えてみます。

レベル1 自分から関わるプラスの動きをほめよう

このレベルでのキーワードは、「自分から」です。
自由な立ち歩きを取り入れると、以下のような気になることが起きます。

・席を立って関わろうとしない
・男子は男子、女子は女子で固まる
・ひとりぼっちが出てくる
・いつも決まった友達と行う
・疎外されがちな子どもが出てくる
・ふざけて遊ぶ子どもが出てくる

といったことです。

自由な立ち歩き成功のキーワードは、「自分から」です
学級づくりと同時進行で行います

最初は気になると思いますが、そのような子を注意するのではなく、がんばっている子どもを見つけて、

・○○さんが、自分から動いています。さすが○年生。積極的です。
・誰とでも関わろうとする○○くんがお手本ですね。それがかっこいい。
・△△さんは、男子女子関係なく誰とでも学び合えるクラスのお手本ですね。
・「一緒にやろう」と声をかけることができる□□さんのさりげない優しさがいいですね。
・一人も見捨てないという覚悟が行動でわかります。
・今すべきことを全力でやる。そんな姿が輝いています。

教師は、子どもたちの望ましい行為を見つけて本気でほめます。これをくりかえすことで、リーダーシップを発揮する子どもが徐々に増えてきます。

話し合いの途中であっても止めてほめたり、拍手をしたりすることもあっていいでしょう。

望ましい主体的な行為が「当たり前」になるまで続けることです。

レベル2
傾聴し合う聞き方を短くほめよう

このレベルのキーワードは、「傾聴」です。

意見を述べ合い質問し合う指導も大切ですが、まずはしっかりと聞き合おうという意識や態度をほめて育てます。

つまり、
・相手の目を見る
・笑顔で聞き合う
・うなずきながら聞く

・あいづちを適度に入れる
・前かがみの姿勢
・時にはのけぞる
・手を打ったり拍手をしたり
・身ぶり手ぶりも入れながら
などが見られたらほめるのです。ポイントは、短くはっきりと、です。
・おっ、笑顔がいい！
・いいね、うなずきが入っている！
・あ〜、感動のあいづちが自然です！
・いい、頭が近づいてきた！
などの感嘆詞を意識すると、子どもたちも乗ってくるのでいいでしょう。
また、
・時にはのけぞるリアクションがいいね、いいね、リアクション。
・拍手も出るんだ、最高だね、最高だね、拍手だよね。
・伝えたい気持ちが手にも出るんだ。手にも話させるんだ。

といったように、同じ言葉を繰り返すことも有効です。

そして、
・それでいい。白熱してきたね。
・いいじゃん、その調子!
・よくなってきた、そのままでいい。
のように、続けるべきであることを伝えるだけでも、子どもたちはほめられたと思い、対話・話し合いに向かっていきます。

以上のような教師の感動から出てくる言葉を惜しみなくかけるのです。教室のいたるところで行われている対話や話し合いが刺激し合って盛り上がっていきます。社会性も育ちます。

短くほめることは、子どもたちの対話や話し合いを途切れさせることにはなりません。

レベル3

対話・話し合いの質を上げる発言を引き出そう

このレベルでのキーワードは、「よいとこ見つけ」です。

コミュニケーション力を伸ばすには、「よいところ」に目を向けることです。

子どもたちは、

「今の話し合いで、話し合いの質を上げるために、友達のいいところに気づいた人はいませんか」

と問いかけると、

・笑顔で聞いてくれた
・最後まで聞いてくれた
・うなずいて聞いてくれたので話しやすかった

などの非言語的なことも初期には出てきますが、

・私が話したことを使って発言してくれた
・自分が話したことを詳しく言い換えてくれたのでうれしかった

・一対一にならないように、みんなにも発言できるように聞いてくれて広がった
・「じゃあ、こういうときはどうだろう」と話の内容を次につないでくれた
といった、対話や話し合いの内容の質に関する発言も出てくるはずです。
そのような発言が出てきたら、
・なるほど。「引用」してくれたんだ、それによって深まっていくよね。その気づきは価値があるね。
・言い換えてもらうと伝わったと感じるよね。新しい気づきにつながるね。
・問いかけあったんだ。全員参加になるし、考えが共有されるよね。
・すぐに否定しないで、意見を成長させ合うことになるね。そのよさによく気がついたね。
というように、次の話し合いにも生きるような価値づけを行うのです。

すぐには出てこないかもしれませんが、教師が取り上げてほめるようにすることで、少しずつ子どもの方からも出てくるようになります。

対話・話し合い

対話活動を育てる

対話を重視した授業を行った後に、「菊池先生は、子どもたちが対話をしているときに、何を見ていたのですか？　今日は○○といったことをほめていたのですが、対話時の何をどうほめようとされているのか教えてもらえますか？」といったご質問をよく受けます。

また、講演会や研修会後には、「対話の指導で菊池先生は年間を通してどんなことに気をつけて指導し、その時々にどのような子どものよさをほめて育てているのですか？　そのポイントを教えてもらえますか？」といった年間の指導についてのご相談を受けることが多くあります。

多くの場合、次のようなことをお話しさせていただいています。

例えば、

「知識面の理解はもちろんほめます。それ以外に、『一人ひとりや学級全体の意欲』『友達との関わり方』『話す・聞く・話し合うの技術や態度』『論理的な思考力』の4つの視点は意識しています」

「初期の段階では、非言語コミュニケーションや関係性を意識して見ます。そして、そのよさをほめるようにしています。活動が少しずつ活発になってくると、話し合いそのものやそこでの思考の面を取り上げほめます」

といったことです。

対話に関わる項目の最後に、「対話活動を育てるほめ言葉」について4つの視点で述べていきます。

レベル1

対話の楽しさを育てるほめ言葉

レベル1の達成ポイントは、非言語コミュニケーションの楽しさを体験させることと、教室の人間関係を築くということです。

このことを第一に考えながら、以下のようなほめ言葉をシャワーのように注ぎます（どのような状況かは想像してください）。

【意欲面】

・先生は「発言できる人？」と言ってもいないのに、自分からもう手を挙げている人がいる。やる気の表れですね。

・今、○○さんは発言しようと先生の目を一瞬見ました。自分から意欲的に学ぼうとしています。

・（列指名して）立ち上がるスピードがいいですね。いい話し合いにはスピード感があるのです。教室全体に意欲的な空気が出てきます。

【関わりの面】

・（交流時に）独りぼっちをつくらない学び合いができています。全員参加の話し合いが素敵です。

・○○さんのうなずきがいいですね。見ている方も笑顔になれます。相手軸の聞き方は話し合いを深めます。

・「男子も女子も関係なく話そう」と呼びかけた○○さんに拍手をおくりましょう。温かい空気が生まれました。

【技術・態度面】

・「出る声」ではなく「出す声」で話そうとしていました。声にも聞き手への思いやりが出ています。
・今、発表した3人は、まず結論を話して、その後に理由を話せました。おかげで理解しやすかったですね。
・笑顔で上機嫌な聞き方が教室全体に広がってきました。話し手と聞き手が呼応してつながってきました。

【論理的思考力の面】

・○○さんは、ズバリ一言で発言しました。聞いて理解しやすいですね。かっこよかったですよ。
・□□くんは、「～思います」ではなく「～です」と言い切りました。だから、「なぜかというと～」というその後の理由を考え合えるようになりました。知的な話し合いに近づいてきました。ありがとう。
・○○さんが話した中で、他の人と違う言葉を使っていました。聞いていて言える人？(聞き比べていた子どもが発言) そうですね。そうやって聞き比べることが大事ですよね。

レベル2

対話の質を上げるほめ言葉

レベル2のポイントは、学びの規模の拡大と積極的な聞き手を育てるということです。教科書とノートだけからの脱却を図りつつ、健全な批判的な聞き手を育てるということです。

【意欲面】

・（ノート作業時に）理由の箇条書きの数を増やしています。量をかせぐ勢いがいいですね。うれしいですね。

・〇〇さんが、「同じです」「一緒です」ではなく自分の言葉で話しました。自分らしさを発揮してくれました。

・〇〇さんが黒板に書いたり、□□くんがミニホワイトボードに図を描いて説明してくれたりしました。自主的な学びへの気持ちの表れですね。

【関わりの面】

・〇〇くんは、発言が苦手な△△くんの背中に手を置いて励ましていました。そうやってみんなで伸び合う学びが生まれるのですね。

・○○さんのリアクションがいいですね。あの笑顔やあいづちがあると反論のイメージも変わりますね。議論の深まりも出てきます。

・○○さんは、△△さんが自分の意見がもてるように話しかけていました。タブレットを使って、教えるのではなく一緒に考えていました。いい学び合う仲間ですね。

【技術・態度面】

・○○さんは、話せなくてもしっかりと聞いています。安心して話し合いに参加できるためのみんなで決めたルールが守られています。

・○○さんは、意見を言い終わったらグループの友達に問いかけています。問いかけ合う話し合いは、全員参加だけではなく深まりも生みますね。

・お互いの意見を引用し合って話し合いができるようになりました。噛み合った話し合いは白熱してきますね。

【論理的思考力の面】

・□□さんの理由がとても丁寧でした。普通は理由を簡単に話してしまうのです。相手も自分と同じようにわかるだろうと思うのでしょうね。でも、□□さんは詳しく丁寧に説明できていました。相手への思いやりですね。

・相手の根拠に質問や反論が言えるようになってきましたね。ただの言い合いにならないで、お互いにいいキャッチボールになっていました。聞き合う話し合いですね。

・連続質問ができるようになっています。「なぜ?」を考え続けることで深く考える力もついてきますね。

レベル3 対話そのものを楽しませるほめ言葉

レベル3の対話は、正解を求めるだけではなく、お互いに考えを交流し合って新しい気づきや発見のある対話です。納得解を求める対話です。ここでは、新しいアイデアを生み出し、人と論を区別する力を育てるほめ言葉がポイントです。

【意欲面】

・○○さんは、「参りました」と潔く意見を変えました。心からかっこいいなぁと思います。拍手をおくりましょう。

・□□くんは、「まだ十分に納得できない」と言って考え続けています。自分に正直で誠実な態度に感心しています。

【関わりの面】

・「この問題については誰の意見を聞きたい」と対話相手を前もって決めて、目的もはっきりさせて交流している人も増えました。強い学び手に成長し合っていますね。

・「○○さんの意見を聞いてください」と呼びかけ合っています。自分たちで学びをつくろうとしています。自立していますね。

【技術・態度面】

・「反論の４拍子」である、「引用」「否定」「理由」「結論」が効果的に言えるようになりました。反論は相手の意見を育てる思いやりですね。

・立場が違っても共感的に聞き合っています。人と論を区別する基本を大切にしています。

【論理的思考力の面】

・議論の流れを読めるようになりました。メモ力も伸びています。思考の幅も広がってきました。

・先生が機械的に立場を決めても話し合えるようになりましたね。両面から考えられる力が本当の論理的な思考力です。

聞く

ほめる聞き方をする

私の授業を素材にしたストップモーション分析のとき、よく言われることに、「菊池先生は発言の受け方が温かい。子どもたちが思わず話したくなっています。一回も否定的な声かけはありませんでした」

「聞き方がいいので、一人ひとりの子どもとの会話が成立しています。菊池先生の聞き方は、正解かどうかを評定する聞き方ではありません。子どもの意欲を重視していますね。子どもの発言の引き出し方が参考になります」

「子どもの発言内容だけを聞いているのではなく、子どもの内側も聞き取り、受けとめようとしている言葉かけが素晴らしいです。他の子どもたちの参考にもなるし、本人がとてもうれしいでしょう」

といった内容があります。私自身は、無意識で行っているところが多いのですが、ストップモーション分析を繰り返す中で、少しずつでもほめる聞き方を意識して行えるようにと修行しているところです。

そこで、「聞く」の項目では、まず「ほめる聞き方」について考えてみます。

レベル1 聞き合う状態をほめてつくり出す

聞き合える学級を育てます。聞くと聞き合うとでは大きく違います。聞き合える学級は、教師と子ども、子ども同士のテンションやリズムが合っています。いい空気感があるのです。

そのような教室にするために、次の6つの指導を私は特に意識して行っています。そして、その「よさ」をほめるのです。

①拍手

教室の空気を温める、一体感を生み出す、相手を称賛する、場面を切り替える、といった効果があります。子どもの表情も和らぎます。

聞き合うテンションやリズムをほめることでつくり出す

②軽くジャンプ

硬くて遅い教室は身体と心が固まっています。立たせてその場で軽くジャンプをさせます。ペアで向き合ってさせると自然と笑顔が生まれます。後の会話等が変わります。

③目線を合わせる

教師が意識して一人ひとりと目を合わせます。ぼんやりと眺めるのではなく「みる」のです。目でつながるのです。程よい緊張感が出てきます。子ども同士もつながり始めます。

④全員参加の動き

「やる気の姿勢をしましょう」「切り替えスピードを意識しよう」といった価値

語を示して、全員参加の動きをゲーム感覚で数回行います。教室に前向きな雰囲気が出てきます。

⑤意識した声出し

「名前を書いたら『書けました』と言いましょう」「『どうぞ～ありがとう』で紙を後ろに配ります」などとまずは声を出す場面を多くします。一人ひとりに「動き」が出てきます。

⑥ペアトーク

「隣と3秒で相談しましょう」「『がんばろうね』と隣と言い合いましょう」などの簡単な会話をさせます。笑い声が自然と生まれてきます。聞き合う空気が生まれます。

このような取り組みを通して、聞き合う教室にしていきます。子どものプラスをほめ続けることで近づきます。

レベル2

ほめる聞き方で子どもの意見を引き出す

「菊池先生の聞き方は『驚き』がキーワードですね」

とよく言われます。

大きく2つのパターンがあります。

一つ目は、●のようにあいづちを核とした聞き方で、意見を引き出すパターンです。

【( )内の言葉は教師】

「あの～、ぼくは、おじさんのしたことは、暴力だと思います」

●あの～、(はいはい)ぼくは、(おお！)おじさんのしたことは、(おじさんのしたこと？)暴力だと思います。(なるほど！　おじさんのしたことは暴力だと？)はい。(だから、悪いと思って×にしたんだ！　なるほどね～、なるほど。いい意見じゃない！)

ここでのポイントは、

○声に感情を乗せる

○言葉を繰り返して先を促す

ということです。
・はいはい
・おお！
は、「期待しているよ」「楽しみだよ」という感情を声に乗せる感じで口にします。
・おじさんのしたこと？
・なるほど！
・おじさんのしたことは暴力だと？
は、「君の発言で初めて気づいた」「先生は考えていなかった」といった驚きが伝わるように話します。
・だから、悪いと思って×にしたんだ！
・なるほどね～、なるほど。
・いい意見じゃない！
は、不足の内容を補いながら、全体に発言の価値を伝えるほめ言葉です。

基本的には「同意」です。どのような言葉を言うかも大切ですが、どう思っているかを感情で示すことが大切です。感情でバリエーションをつけるといいでしょう。

同じ「なるほど」という言葉でも、私は新しい発見があったことを伝える「なるほど」を基本にしていますが、独りごとのように納得の「なるほど」も使うことがあります。他の子どもたちも聞いている（見ている）のですから、普段の2倍ぐらいのパフォーマンスがいいでしょう。

レベル3 ほめる聞き方で子どもと一緒に意見をつくる

驚きを伴った聞き方の二つ目です。レベル2は、子どもから引き出すが中心でした。レベル3は、教師が子どもと一緒になって意見をつくるほめる聞き方です。

●あの〜（うんうん）私は、（賛成の立場だよね）賛成です。（その理由が楽しみ）理由は、（どうして、どうして？）子どもの気持ちになれば、（子どもの気持ちになれば？）……（かわいそうだと思う？）はい。かわいそうだと思ったし、（なるほど！）他の人も……（他の人もしたんだからいいじゃないかと？）そうです。（な〜るほどね。だから、悪くはなく賛成だと考えたんだ！）はい……。（個人の問題ではなく、みんなの問題なんだと考えたわけ？）そうです。（考えていますね。さすがです。それが言いたかったんだね！

聞いていたみなさん、最高の意見じゃないですか！　拍手！）

　ここでのポイントは、

○信じて共感的に聞き続ける

○一緒に考え言葉を補う

ということです。その子を「みて」、声や表情や身体の動きから、心を読み解くことです。

教師の観察力が問われます。

・かわいそうだと思う？

・他の人もしたんだからいいじゃないかと？

・だから、悪くはなく賛成だと考えたんだ！

・個人の問題ではなく、みんなの問題なんだと考えたわけ？

は、本人の気持ちを推し量っての言葉です。子どもを観察しないと出てきません。

　教師が子どもの意見を聞くということは、子どもを観察するということでもあります。

　教師が「能動的な聞く」という意識をもつことで、子どもたちの感情を丁寧に読み解くことができるようになります。その鍵は、ほめる目をもつことです。

聞く力のほめ方

次に、多くの教室で「当然のこと」として取り上げられているであろう、対話や話し合いにおける「聞き方指導」について考えてみます。

その中でも、

①相手の目を見て
②笑顔で
③うなずきながら
④あいづちを打って

という、4つの指導内容におけるほめ言葉について考えてみます。どれも基本的なことだと思います。

レベル1

学び合うための学習規律としてほめる

いろいろな教室に行くと、「聞き方あいうえお」「聞き方の約束」などの掲示物があります。その中には、先に挙げた①から④の項目が並んでいます。しかし、残念ながら、それらがただ掲示されているだけの教室もあるようです。

形式的な躾としての活用ではなく、学び合うため、つながり合うための学習規律として活用し、その効果を出したいものです。

・〇〇くんは、話し手の友達をよく見ていますね。そうやって友達とつながるのですね。

・「聞こう」という気持ちが、あなたの目に出ています。学び合っています。

「話す人を見て聞きましょう」と声をかけても、ただ話し手を見ているだけの子どもがいます。形だけです。そうではない子どもを見つけ、価値づけてほめるのです。

・微笑んで聞いている〇〇さんはお手本です。教室の中に安心感があるからですね。

・話している〇〇さんも安心する笑顔が素晴らしい。笑顔はコミュニケーションの王様です。

多くの子は目が泳ぎます。視線でつながることを意識させます

コミュニケーションにおけるボディリアクションの基本は、笑顔です。聞いているときの子どもの表情に目を向けてください。必ず笑顔になっている子どもがいるはずです。

・○○さんは、うなずきながら聞いていました。発言者を大切にしている証拠です。

・反対意見の友達に対してもうなずきながら聞ける。同じ教室の仲間として認め合っているということですね。

うなずいて聞ける子どもは、自分中心に勝手に話し続けるようなこともなく、相手を受け入れることができる学び手として育っている子どもです。

・友達の意見を受け入れているんですね。あいづちからも互いの関係をよくしようとしていることもわかります。

・〇〇さんと□□くんの対話は、素敵なキャッチボールでした。あいづちでつながっていくんですね。

多くの子は、無自覚であいづちを打っているようです。つながろう、つなげようとしてはいません。あいづちは、相手との関係性をよくする、話の流れの潤滑油として必要である、と指導者は自覚するべきです。

レベル2

相手軸の行為へと価値づけ、意味づける

漠然とした聞き方の指導ではなく、レベル1のように小さな「よさ」をキチンとほめて、教室全体に広げていくと、自分中心の聞き方から相手中心の聞き方に変わってきます。それをより加速させていきます。

・目に優しい力があるね。泳いでいない。相手のよさを引き出し、受けとめているね。

・目線でつながっていますね。だから、楽しく落ち着いた話し合いになっているんでしょうね。

聞く力が伸びると共感力も高まり、話し合いが豊かになります

聞くことは能動的な活動である、とよく言われます。聞いているときの視線のあり方一つとってみても、そのことの意味を考えるべきだと思います。

・いつも○○さんは、笑顔で対話ができていますね。相手もこの教室に居場所を感じて安心できますね。

・相手を受け入れているから笑顔にもなれるんだよね。相手軸に立てているところがあなたのよさですね。

仮に意見が対立していても、相手の話を笑顔で聞いている子どもがいますし、出てきます。大人にもできないことです。なぜできるのか、子どもたちから学びたいものです。

・○○くんのうなずきのタイミングは、相手の意見の意味を理解していますね。相手との距離が近づいていますよ。
・うなずくのはリアクションのスタートです。○○さんの相手と響き合っているような姿を見てそう思いました。
自然に相手に安心感を与えるようなうなずきができる子どもは、周りの友達からも信頼され、大切にされる存在です。知的な話し合いは、このような子どもたちで行われます。
・あいづちが「合いの手」になってきました。相手やみんなの考えを深める対話になってきました。
・あいづちが言葉だけではなく仕草もセットになってきました。自分ばかりではなく相手に話させる素敵な聞き手ですね。
機械的なあいづちではなく、あいづちとセットに、即興で自分の感想を話したり、相手のよさを言葉にしたりする子どもを大いにほめます。特に、ユーモアを含んだ「合いの手」やリアクションを全体に紹介して広げます。

レベル3

聞き合うことが対話・話し合いを深め合うことに気づかせる

レベル1やレベル2でも当然起きていることですが、レベル3では4つのポイントが「複合的に絡み合っている」状態をほめます。また、ほめることで高めていきます。「聞き合うことが、対話・話し合いを深めている」ということを、実感を通して理解させる段階です。

・今の聞き合っている状態が、自分たちで学び合う場をつくっているということだよね。聞き合うことで、学び合う身体と心が育ってきたね。

・聞き合っているから、対話の質が上がるんですね。新しい気づきや発見が生まれるんだ。だから、教室が白熱するのですね。

・関係性が大事なんだね。みんないい表情だし、受け入れ合っている感じがします。お互いを成長させ合う聞き方です。

聞くということが決して受け身的なものではなく、豊かな話し合いに欠かすことができない積極的な行為であることを理解させたいものです。

目線力、笑顔力、リアクション力、即興力が白熱する対話の肝です

学びを豊かにしていくのは、聞き手である自分（自分たち）であるということに気づかせたいものです。

このような指導を行うことが、「迫力ある話し合い」を成立させると私は考えます。

聞く

聞く力を育てるほめ言葉

先生方と話をしていると、

「子どもたちの聞く力が落ちているように思います。授業がしづらいです」

「話を聞けない子どもたちが気になっています。増えているように思います」

「聞き合う教室になりません。学び合う指導が上手くいかないのです」

といった悩みをよく耳にします。気になる子への指導に追われ、結果、落ち着かない教室になっているというのです。聞けない子が増えているようです。

また、多くの教室で、

「おしゃべりをやめて、いい姿勢をしなさい」

「動きません。黙って先生や友達の話を聞くのです」

といった指導が行われています。代表的なのが、「グー・ペタ・ピン」の聞き方を要求する指導です。その指導では、子どもたちの表情はよくなりません。

従来の説明型の授業は、「しゃべらない」「動かない」といった二大ルールに支えられて成立していたと言われます。一斉指導のルールです。

しかし、これからの授業では、「しゃべる」「動く」というルールに変えていくべきです。コミュニケーションを重視した活動型の授業です。

本項では、そのような活動型の授業のために必要な、「聞く力」を育てるほめ言葉指導について考えていきます。

レベル1

非言語を温かくして、聞く力を伸ばすほめ言葉

話を聞いているかどうかは、子どもの耳を見ていてもわかりません。聞いているかどうかは、目や表情や仕草に出るのです。

例えば、目の動かし方一つで、「○○くんの話していることわかるよ」とか、「○○さんの話は、もう少し詳しく話してもらわないとわからないなぁ」などという合図をおくることができるのです。アイコンタクトです。

子どもたちをよく見ていると、そのような非言語での表現をしている子も教室の中にはたくさんいます。そのような子どもを見つけて、ほめるのです。

・話し手をよく見ていますね。

・話を聞いているときの目が優しいですね。

聞き合う力を育てるためには、心の開放が必要

・じっと見ている○○さんの目からも、もっと聞きたいという気持ちがわかります。

・○○くんの目は、微笑んでいます。話し手とつながろうとする優しさを感じます。

「目は口ほどにものを言う」と言われますが、目で聞いている子どものよさをほめてあげたいものです。

同じように、

・○○さんは、うなずきながら聞いています。理解しようという積極的な聞き方がうれしいですね。

・あいづちが自然に出てきましたね。相手とのキャッチボールが活発になってきました。

・自分の緊張しない自然な聞き方ができています。話の切れ目で姿勢も切り替えています。安心感ですね。

といった、うなずきやあいづち、自然な姿勢にもほめ言葉が出てくるようにしたいものです。

躾レベルで終わりがちな「グー・ペタ・ピン」指導とは違って、よい姿勢をさせるというより、聞く構えができてきます。

型にはめる指導ではなく、自分の聞く体を自分でコントロールできる子どもが育ってきます。

レベル2 平等に耳を傾け合う聞き方を促すほめ言葉

コミュニケーション関係の書籍を読むと、「聞くことは受動的な活動ではなく、能動的な活動である」といったことがよく書かれています。

しかし、レベル1でもふれたように、多くの現場は躾レベルの受動的な形で聞くことの指導が行われています。

そのような指導が行き過ぎると、友達の発言が失敗すると笑ったり、無視の態度を示したりする状態を生み出してしまう危険性が高まります。

これらは、特に高学年に見られる現象ですが、低学年でも友達の発言が終わらないうちに、「ハイ、ハイ」と威勢よく言って手を挙げる現象が出てきます。見かけはかわいいのですが、それを許しておくと強者のみが生き残る教室になってしまいます。

また、低学年でも高学年でもありがちなのは、友達の発言を聞きつつ、ひそかに教師の反応をうかがっている行為です。自立していない証拠です。判断を教師にゆだねてしまっているのでしょう。教師が隠然と君臨しているような教室に起こりがちな現象です。

以上のような現象を起こさないためにも、次のような指導（【　】の中）をし、できた子どもをほめて、全員の能動的な聞く力を育てていきます。

【リアクションをしよう】

・〇〇さんの拍手がいいですね。自然に起きた力強い応援です。

・〇〇くんから思わず「なるほど」というほめ言葉が出ました。聞いて一緒に考えているのですね。

【頭の中で反応しよう】

・友達の発言後すぐに反応する人が増えましたね。ぼんやり聞いていないから、「あっ！　思いついた」「あっ！　思い出した」と頭の中が活発に働いているのですね。対話が生まれるね。
・パッと質問が浮かぶ聞き方ですね。「あっ！　なんで？」と頭の中がフル回転しているのですね。

【友達とフォローし合おう】

（友達の＊＊＊という発言後に、「隣の友達と＊＊＊の意味を確認しましょう」と指示した後に）
・友達の発言を理解しようと心がけているからすぐに話し合えるんだね。
（友達が発言に詰まったときに、「続きが話せる人いますか？」と問うたときに）
・フォローし合えるんだ。みんなで伝え合って学び合うんだから、それができることは素敵ですね。
以上のようなほめ言葉で聞く力を育てることで、誰もの発言が、平等かつ正当に傾聴される場に教室がなっていくと考えています。

レベル3

自己開示し合い理解し合う聞き方を高めるほめ言葉

次の文章は、子どもたち3人の対話の一部です。

○児「ぼくは、宿題をしたくなくていつもお母さんに叱られるんです。きっと□さんは、そのようなことはないと思うのですが、宿題をキチンとする秘訣というようなことはありますか？　今、思いつく限りでかまいません」
□児「う～ん、特にこれだっていうのはないのですが、遊ぶ前にするのが1年生からの習慣なので、それがいいのかも……。●さんは？」
●児「□さんは、1年生との交流でも優しさの中にも、楽しさに流されない真面目さがあると思うのです。宿題でもそのことが、……」

このような対話が起きると

・○児くんは、「お母さんに……」と自己開示していますね。ストレートに質問されるよりも、最初にそうしてもらうと答えやすいですよね。

・○児くんは、最後に「思いつく……」と、さりげなくフォローの言葉を入れていますね。一緒に考えようという思いやりが感じられますね。

・●児さんは、□児さんの普段のよさにもふれて、自分の意見を述べようとしています。ただ聞いて自分の意見を話すだけではないですね。

・●児さんは、□児さんとの関係を大事にしたいと考えて聞いているのでしょうね。伝え合う相手を大切にしている聞き方ですね。

聞く力を育てるほめ言葉は、子どもたちの対話を豊かにさせます。

誰かの話を聞いたり、何かを読んだりしたら、
「あっ！　思いついた！」という習慣を

聞く

聞き合いを促すほめ言葉

次のような質問をいただくことがあります。

「菊池先生は、黒板左の5分の1のところに、『聞き合う』とか『学び合う』といった『～合う』という言葉をよく書かれます。なぜですか？」

「聞く」ではなく「聞き合う」なのです。この違いは大きいと考えています。

本項目では、そのような共に育ち合う「聞き合いを促すほめ言葉」について考えていきます。

レベル 1

聞き合う土台を育てるほめ言葉

聞くということは、見ることでもあります。聞くということは、リアクションでもあります。そのように考えて、次のように子どもたちをほめます。

・〇〇さんは、先生のチョークの先を見ていますね。
・みんな音を消して先生の口元を見ていますね。
・多くの人が先生の動きを目で追っています。
・見ているから、先生が書いたことを書き終わったと同時に読めるんだ。

などと、聞く＝見るをほめるのです。子どもたちは、同時に集中すること、スピードを意識することを学んでいきます。

・〇〇さんは、もう拍手の準備をしているね。
・聞いているから自然な拍手が出てくるんだ。つながっているんだ。
・□□くんが、言葉の調子を変えたときにパッと顔を上げました。素敵です。
・笑顔のうなずきが増えてきました。
・聞いているから反応する。リアクションがよくなってきたね。
・今、驚いた顔をしたよね。聞いていないとできないことですよ。
・友達の意見を聞いて、教科書を読み返している人がいる。

などと、「リアクション」に着目してほめるのです。教室の友達を意識し始めます。つながりを意識し始めるのです。

もちろん教師のパフォーマンスは外せません。声の大きさの意図的な変化、視線や目の動き、体の動きや向きや傾き、手や腕の動きなどです。それらで子どもたちの「聞き合う」身体と心をつくっていくのです。教師が上機嫌でほめていくのですから、教室の空気は明るいものになっていきます。聞き合う土台が育ちます。

レベル2

聞き合う関係を築く指名時のほめ言葉

ある授業をストップモーション方式で分析していたときに、ある先生から、「菊池先生は、指名のときに『この列の最後のお友達』と言って指名していました。友達というのがいいですね」

と言われました。何気ない言葉かけだったのですが、「温かい関係性を築くよね」といったその後の話し合いが盛り上がりました。

指名時の声かけをほめ言葉にします。「聞き合う」を意識した声かけを、名前を言う前に行うのです。

・みんなと友達の〇〇さん
・友達を大切にした聞き方をしている〇〇くん
・いつもみんなと学び合う学習態度の〇〇さん
・うなずいて聞いている友達を指名しよう。〇〇さん
・「あっ！　思いついた」といった顔をした〇〇くん
・笑顔で話し合いに参加していた〇〇くん

といったほめ言葉をセットに指名するのです。温かい空気が教室に広がることがわかります。

望ましい学習態度を示すことでもありますから、指名する子どもはいい「モデル」になります。繰り返すことによって、結果、教室全体に聞き合う状態がつくられるのです。

それによって、

・△△くんは、〇〇さんのよさが伝わっていますね。うなずいて聞いている姿が素敵です。
・□□さんは、さっきの〇〇くんの笑顔で聞くというお手本を取り入れています。
・反応がよくなってきました。よいことを取り入れる吸収力が、この学級にはありますね。
・聞き合うことは考え合えるということですね。だから、話し合いも深まってくるのです

ね。

などと、個人だけではなく学級全体をほめることができます。

レベル3 聞き合うレベルを上げる先手を打つほめ言葉

私は、子どもたちに指示を出したと同時に、「速い！」と声をかけるときがあります。仮に子どもたちの中に動きが遅い子がいても、「速い！」と力強く声をかけるときがあります。指示のたびに何度か行うと、全体が自然と速くなっていきます。「未来予想ぼめ」につながる声かけです。子どもたちが、教師が期待する行動を目指そうとするからでしょう。

レベル3では、この指示の出し方を活用して、全体が聞き合うようにします。ポイントは、「〜し合おうとしている」という言葉かけです。「し合って」いなくても、そう言葉をかけるのです。

グループ学習のときには、

・（スタート時に）○班は聞き合おうとしています。さすがです。

・○班は、頭を近づけて話し合おうとしています。素晴らしいですね。
・(話し合いの途中で) ○班と□班は、困っている友達と助け合おうとしています。これからが楽しみです。

といった指示+ほめ言葉です。

そうすると、「~し合おうとしている」が、「~し合う」に変わっていきます。

【全体学習のときに】

・みんなで聞き合おうとしていますね。先生はうれしいです。
・○○さんの発言を大切にしようという空気が教室の中に出てきました。みんなの成長ですね。
・一人ひとりの意見を大切にし合おうとしています。つながりが強くなってきていますね。

などと、望ましい聞き合う教室に進化していることをほめ言葉と共に示します。本来あるべき姿が展開されるようになります。このようなほめ言葉を発するタイミング等は、授業展開のあり方によって大きく左右されます。レベル1、2、3は、対話型の授業展開とリンクしています。聞き合うことは、対話を通して学び合うことだからです。

関係づくり

学級全体をほめる

早期退職をして、毎年、年間で100時間を超える飛込授業を行っています。

このような毎日を送り始めたころ、私にとって「衝撃的」なことがありました。

それは、中学3年生との授業を終えて廊下に出ようとしたときに、私と入れ替えでその学校の校長先生が生徒たちの前に出て、満面の笑みで、

「3年1組、最高！　素晴らしかった。みんなで大きな拍手を！」

と、まるで万歳をするかのように大きく手を挙げて、生徒を全力でほめられたのです。

授業後に学級全体を
全力でほめている山香昭先生

現在は、大分県大分市で教育事務所の所長をされている山香昭先生です。

私は在職中は、個人をほめていました。ペアやグループもほめるように心がけていました。

しかし、学級全体をほめるということはあまりなく、卒業式や修了式当日ぐらいだったように思います。

子どもたちに自己紹介を求めると、

「○○小学校の○年○組＊＊＊＊です」とまず所属している集団から話します。

子どもたちは、自分の所属先を第一に語るのに、私は子どもが所属しているその集団をどれだけほめていたのだろうと反省しました。山香先生から、「所属をほめる」ということを私は教わったのです。

そのとき以来、「学校をほめる」「学級をほめる」ということを心がけています。私の場合は飛込授業ですが、担任の先生も同じ考え方に立ち、実践してほしいと思っています。

レベル1

一人のよさを学級全体のよさにしてほめる

一人のよさを全体に伝え、学級の成長を加速させます

私は、教師は「つなぐ役」であるべきだと思っています。個と全体をつなぐ働きをするべきだと考えているのです。「個が育てば全体も育つ」「全体が育ったということは個も育っている」と考えているのです。

・○○さんが、一人でも勇気を出して手を挙げています。このような友達がいると学級全体も成長していくのです。

・○○さんが、自分のことを素直に話してくれました。自己開示ができる○○さんが素晴らしいのはもちろんですが、そうできるようになっているみんなもすごいのですね。温かい教室です。

・□□くんが、新しいことに挑戦しました。そのように一人の友達の成長を生み出した学級全員も素敵です。□□くんと自分たちに大きな拍手をおくりましょう。

・少しずつリアクションしながら発表を聞いている人が増えてきました。よいことは自分にも取り入れるという素直さが教室全体に広がってきました。いい教室です。

教室の中には「気になる子」もいます。在職中も思っていたことですが、どの子も周りとの関わりを通して成長していくものです。個のよさを全体とつなぐことで集団として高めていきたいものです。そのためにもほめ言葉は有効です。

レベル2 教師のゴールイメージに向かってほめる

私たち菊池道場は、数年前から「タックマンモデル」を学級づくりや授業づくりの参考にしています。ここで考えてみたいのは、一年後のゴールイメージです。どんな子どもに育てたいのか、どんな学級集団にしたいのか、どんな授業を目指しているのか、といったことを明確にもちたいということです。全ての教育活動は、そこに向かっていくものであると考えるからです。ですから、ほめ言葉もそのことを意識します。ポイントは、「未来予想ぼめ」と「Iメッセージ」です。

・メモを再現できる〇〇さんは、みんなの応援を受けてがんばっているのですね。クラス全員の成長を感じます。みんながひとつになって、前に進んでいると先生は感じてうれしいです。

・〇班の人たちが、学び合いを楽しんでいます。きっとほかの班にも広がるのでしょうね。クラス全体で伸び合うみんなになるのですね。それって、素敵なことですよね。

・〇〇さんは、先生の突然の質問にも堂々と自分の言葉で答えてくれました。即興力ですね。〇年〇組は、いいことをまねし合っていく教室になると先生は思っています。もっと対話がダイナミックになるのでしょうね。楽しみです。

このようなほめ言葉は、最後にみんなで拍手をしたり、ハイタッチをし合ったりなどのパフォーマンスとセットにすると効果は大きいです。教室の空気が一気に温かいものに変わります。

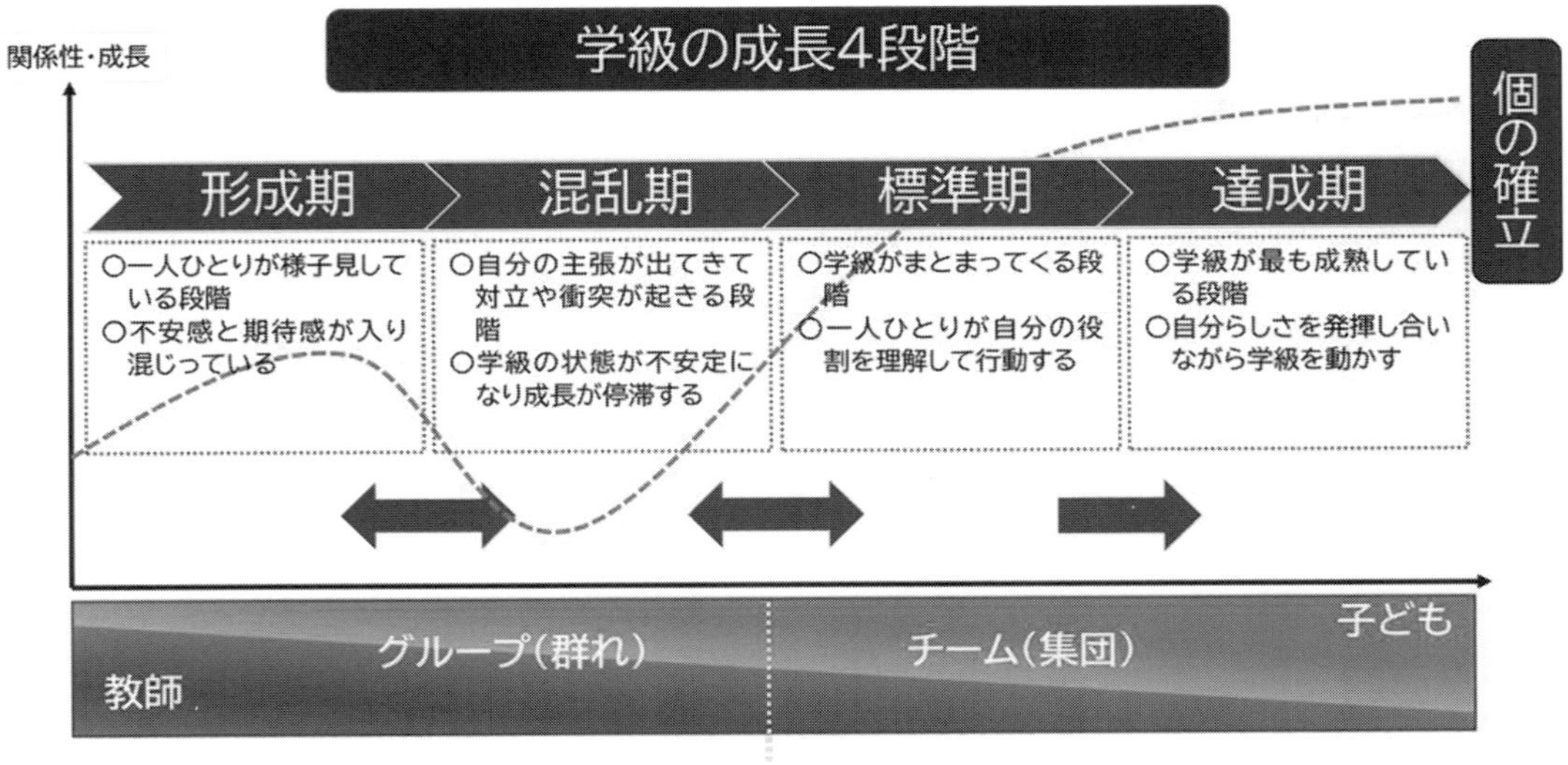

タックマンモデルは、米国の心理学者タックマンが1965年に提唱した、集団の成長段階についての理論です

レベル3

「第3者」も巻き込んでほめる

私が飛込授業のときに、必ず行うことがあります。

それは、授業の最後に次のように話すということです。ある授業後に実際に話した内容を再現してみます。

とても楽しい45分間でした。ありがとうございました。

（教室内には聞こえる声の大きさで、一番前に座っている子どもに小声で話かけながら）ねえ、今から先生が「気をつけ、礼」というんだけど、礼と同時に、後ろや周りにいる先生方から、「さすが、４年２組。がんばっているなぁ」といった気持ちで、指の骨が折れるほどの拍手がみなさんに降り注がれるのではないかと先生は予想するんだけど、先生の予想は当たりそうかな？（はい……当たると思います）なるほど、やってみましょう。

「気をつけ、礼」

（教室内に拍手が沸き起こる）

以前から、授業を参観する方の中に、不機嫌な表情や態度を平気でされている方がいることに違和感を覚えていました。「子どもたちに失礼だなぁ」と思っていました。授業内容がどうであれ、子どもたちのいるところでそのような態度をとることは、いかなる理由があってもいけないと考えます。子どもたちのがんばりに笑顔と拍手で応えるのが礼儀だと考えます。実際の教室では、授業参観や研究授業等のときには、学級全体を素直な教師のほめ言葉でほめることを心がけたいと思います。

また、飛込授業時に、もう一つ心がけていることがあります。それは、担任の先生をほめるということです。以下のような内容です。

このクラスのリアクションはいいですね。笑顔で明るい笑い声も多いですね。いいクラスじゃないですか。

（一人の子に「どうしてこんないいクラスになったと思う？」）

先生、その理由がわかった気がします。それを話していい？　それはね。担任の先生のおかげですよ。〇〇先生に感謝の大きな拍手！

関係づくり

学び合う気持ちを育てる

教室は、みんなで学び合う場です。そのような教室をつくるために、本項目では「学び合う気持ちを育てるほめ言葉」というテーマで述べていきます。

レベル1 子どもを動かして非言語をほめる

これは、簡単です。不安や緊張感が強い年度始めや授業開始時に行うと効果的です。小さな非言語に着目します。

ペアでちょっとした会話をさせる場面です。例えば、

・〇秒で隣の人と挨拶をしましょう
・「がんばろうね」とペアで言い合いましょう

などの簡単な指示を出すのです。多くの子どもは笑顔になります。教室の空気もほんわかとなります。

先生方は、このようなときにどんなところをどのようにほめますか？

私だったら、次のようなところに目をつけて以下のようにほめます。

【向き合うスピード】

・はやい！
・もう向き合っているペアがある
・切り替えスピードが素晴らしい

【向き合っている姿勢】

・姿勢がかっこいい
・やる気の姿勢のペアがいる
・前かがみの姿勢になっています

【笑顔】

・優しい笑顔です
・思いやりの笑顔のペアが多いね

・口角がもう上がっている人がいる

【身ぶり手ぶり】

・体全体で話している

・伝えたい気持ちが手からもわかる

・コミュニケーションの体だね

といったほめ言葉をおくります。

そして、拍手でほめ合うようにします。その拍手している様子にも、

・本気の拍手が素晴らしい

・打点が高くていいですね

・笑顔とセットの拍手がうれしいね

などとほめるのです。教室の空気が一気に変わります。学び合う雰囲気が出てきます。前向きな勢いが出てきます。

レベル2

友達のよさに気づかせてほめる

学び合う教室は、横のつながりがあります。そして、それらは温かいプラスの関係になっています。そのプラスのつながりを教室内に生み出し、それを全員に響くようにほめるのです。

授業中に、子どものよさを見つけ、その子に近づき握手をします。そして、「なぜ、先生は○○さんと握手をしてほめているのかわかる人いますか？」と、全員に聞きます。

・○○さんは、うなずきながら友達の話を聞いていたからだと思います。
・予想だけど、出る声ではなく『出す声』でみんなに聞こえる声で話したことが素晴らしいからだと思います。
・みんなにわかるように例えを使って話したのがすごいからです。
・隣の□□くんに、先生の話をわかりやすく説明していたからだと思います。優しいからです。

拍手で学ぶ一体感を出します。呼応した関係もできてきます

などと、子どもたちは○○さんのいいところを話します。気づかなければ、先生が「ほめ言葉」で説明します。互いのよさに目を向けさせるのです。

私は、コミュニケーション力を、

コミュニケーションの公式＝（内容＋声＋表情・態度）×相手軸

という公式で示しています。この公式の各要素をほめるのです。

つまり、うなずきという態度、出す声という声、例えて話した内容、教え合う思いやりの子どものプラスの行為を見つけ、その子どもと握手をすることで、子どもたち同士でもそれをほめ合うようにさせているのです。
・そうですね。みんなで学び合うのが教室ですから、○○さんの行為は大切です。大きな拍手をおくりましょう。
・よく気がつきましたね。友達のよさに気づけるあなたも立派です。みんなのいいお手本です。ありがとう。
などと、全体にも伝えます。温かい空気が教室に広がります。

レベル3

想像させることで思いやりを育てほめる

ある大学の先生が、私の授業を参観されて、「今まで初めて聞いた発問だった」と驚かれていた場面があります。私の授業ではよく出てくる場面です。

それは、

「先生は、次にどんなことをみなさんに聞くでしょうか?」

という問いと、

「○年○組は、AとBのどっちが多いと思いますか?」

という問いです。どちらも、子どもたちにAかBかと選択させせた後の発問です。最初の発問の正解は、「理由」です。

また、次の発問は一人ひとり違っていい場面で行っています。教師主導で進む授業が中心の教室では、ほとんど手が挙がりません。ポカンとした顔をしています。しかし、中には手を挙げる子どもが必ずいます。

・理由を聞くと思います。

・なぜAにしたのかの訳を聞くと思います。

・AやBにした理由は何かを質問すると思います。

といった意見を出させて、その後に次のようにその発言者をほめます。

・そうですね。理由ですよね。よく気がつきました。こうやって先生だけが進めるのではなく一緒に考えていくのが授業ですよね。素晴らしい。

・正解です。先生から聞かれたことだけを考えるのではないですよね。当然、次を考えて授業に参加するのですよね。頭の中が動いていています。

といったほめ言葉を語るのです。

二つ目の問いの場合は、

・考えるよね。○年○組のみんなだったらどうかな？って。それって想像だよね。思いやりだよね。みんなのこと考えるよね。
・教室はみんなで学び合う場ですよね。友達のことも考えながら授業に参加する。素敵なことですよね。

と発言した子どもをほめた後に、その価値を確認し教室全体に広げます。つながり合って、双方向の動きが出てきます。みんなで学び合っていることを、子どもたちが実感し始めます。

菊池メソッド

「ほめ言葉のシャワー」でほめる

研修やセミナー会場などで、

「ほめ言葉のシャワー（※）をしているんですが、レベルを上げるためのポイントは何ですか？」

「どうしてもマンネリ化してしまうのですが、何かヒントはありませんか？」

「ほめ言葉のシャワーを子どもたちは楽しそうに行うのですが、どこをほめればいいのか困るときがあるんです」

といった声をときどき耳にします。

今回は、ほめ言葉のシャワーにおける子どもたちと教師のほめ言葉のレベルアップについて考えてみます。

誰でも主人公になれる日をつくりたいという願いから始めた活動です
一人ひとりが輝く教室をつくりたいものです

※ほめ言葉のシャワーとは

一人ひとりのよいところをクラスみんなで見つけ合うという活動です。その日の主人公の子どもが、1日の最後に教壇に上がり、クラスのみんなから「ほめ言葉のシャワー」を浴びるという活動です。

30人学級であれば、1日30個のほめ言葉になります（担任も含む）。1巡すると30×30で900個のほめ言葉があふれます

レベル1

ほめ言葉を言えたこと、言おうとしたことを大きく価値づける

ほめ言葉は、**事実＋気持ち（価値づけ）**を基本としています。

例えば、

・〇〇さんは、国語の時間に手を真っ直ぐ挙げていました。やる気がすごいと思いました。

・〇〇くんは、朝あいさつを返してくれました。うれしかったです。ありがとうございました。

といった「ほめ言葉」になります。

基本的には、コミュニケーションの公式に当てはめてほめます。

コミュニケーションの公式＝（内容＋声＋表情・態度）×相手軸

この各項目を意識してほめるのです。

・よく見ていたね。観察力が伸びているね。
・出る声じゃなくて出す声でした。気持ちも伝わります。
・笑顔がいいね。コミュニケーションで一番大事なことですよ。
・身ぶり手ぶりで伝えようとしていました。それだけうれしかったんだね。

などと、瞬時にそのよさを伝えます。

慣れない1回目のときには、言葉にできない子どももいます。上手く表現できない場合もあります。そのようなときも、

・今日一日の中で、○○さん（主人公）のいいところを見つけようとしたんだよね。その優しい思いが素敵です。
・○○さんの～のところが素敵だと思ったんだよね。そう感じる君が素晴らしい。

と、心を向けていたこと、友達のよさを感じたことをほめるのです。

そして、周りの子どもたちに、

「言葉にできることは大切です。でもその前に、友達に心を向ける、友達のよさを感じる、そこがこのほめ言葉のシャワーでも一番大事なことだと先生は思います。心を向け合って感じ合うこと。そこがスタートですよね。次が楽しみですね」

といった声かけを行います。「いいことを話させないといけない」と多くの教師は最初から思うようです。そうではありません。そのことを伝えるのです。

レベル2

ほめ言葉の自分らしさを価値づける

継続する中で、表現内容やそのあり方が具体的になることは、自分らしさが発揮されてきていることだと考えています。自信や安心感が増してきていると判断するからです。ですから、次に挙げたところを意識してほめていきます。

○言語内容…価値語、会話文、固有名詞、数字、熟語（特に四字熟語）、慣用句、ことわざ、など

○非言語……口調、強弱、大小（声）、表情、目線、体の動き、など

・「一人が美しい」という価値語が入りました。聞いているみんなも、なぜいいのか参考になるね。

・「＊＊＊」という実際に話した言葉があるとその場にいる感じがします。

・「○○校長先生」と具体的に名前も言ってくれました。イメージがわきましたね。

・「〇人」と数字がありました。そのときの様子が詳しくなりましたね。
・「徹頭徹尾」という四字熟語がありました。〇〇くんのがんばっていた様子が強く伝わりましたね。

といったほめ言葉を、内容面では伝えます。特に、熟語は意味の含有率が高いのでほめ言葉の質も高くなります。教師は聞きながら、そこを力強くほめるといいでしょう。

また、非言語については次のようなほめ言葉をその子と全体に伝えます。

・口調が優しいですね。ほめ言葉のシャワーというこの活動にピッタリの優しさでした。
・「ありがとう」の言葉の強さに、教えてもらった感謝の気持ちが込められていました。
・ちょうどいい大きさの声でした。主役の〇〇さんとの安心できる関係が声の大きさからもわかります。
・表情の変化を（みんな）見ましたか。言葉に気持ちを乗せていますね。
・正対するだけではなく目線も〇〇くんに合わせていました。伝えたい気持ちがそこからもわかりました。

非言語の部分に、ほめ言葉を伝える子どもの思いが強く出てきます。コミュニケーションの公式での「相手軸」の部分です。

ここでのほめ言葉のポイントは、子どもの何気ない非言語のよさと「思いやり」とをつないで価値づけることです。

レベル3 ほめ言葉の進化発展をほめる

ほめ言葉が軌道に乗り、自分たちの教室文化のようになってくると、子どもたちはいろんな工夫をしてきます。

お互いに、「ほめ合って、認め合って、励まし合って」きたことで、強い絆で結ばれていると実感するからでしょう。言葉だけの「ほめ言葉」から脱却する子どもが出てきます。

例えば、

○ほめ言葉の後に、お互いに握手をしたりハグをしたりする
○ほめ言葉の中に、「みなさんもそう思いますよね」などの問いかけを入れる
○実際にそのときの言葉や動きを再現しながら話す
○何人かで寸劇風に主人公の行為を表現する

といった「ほめ言葉のシャワー」に進化発展するのです。

進化発展する要因は、自由度を保障する学級経営にあります

そこで、次のようなほめ言葉で価値づけます。
・スキンシップもほめ言葉です。自己開示が素敵です。
・ほめ言葉のシャワーも対話ですよね。この場にいる全員が対話し合っているのですよね。
・リアルです。それだけによくわかります。そして、あなたの即興力にも拍手をおくります。
・演劇風のほめ言葉のシャワーです。ほめ合うこの活動は、君たちを見ていて改めて「祝祭」だと思いました。拍手をみんなでおくりたい。拍手!

友達同士でほめ合うこの活動は、子ども同士がプラスの評価をし合うということです。教師の減点法での評価に慣れている子どもたちにとって、最初は戸惑うかもしれません。それだけに、教師のほめる力が問われます。

菊池メソッド

「成長ノート」でほめる

本項では、前項の「ほめ言葉のシャワー」と共に、菊池実践の柱でもある「成長ノート」について述べます。

成長ノートとは、一言で表すならば、「教師が全力で子どもを育てるためのノート」です。担任である教師が、子どもを公（社会）に通用する人間に育てようと、自分の信じる価値観をぶつけ続け、それに子どもが真剣に応えようとするノートのことです。

成長ノート指導のポイントは以下の内容です。

①一人に一冊ノートを準備する
②教師がテーマを与える
③「質より量」を目指す
④「3つあります作文」を基本とする

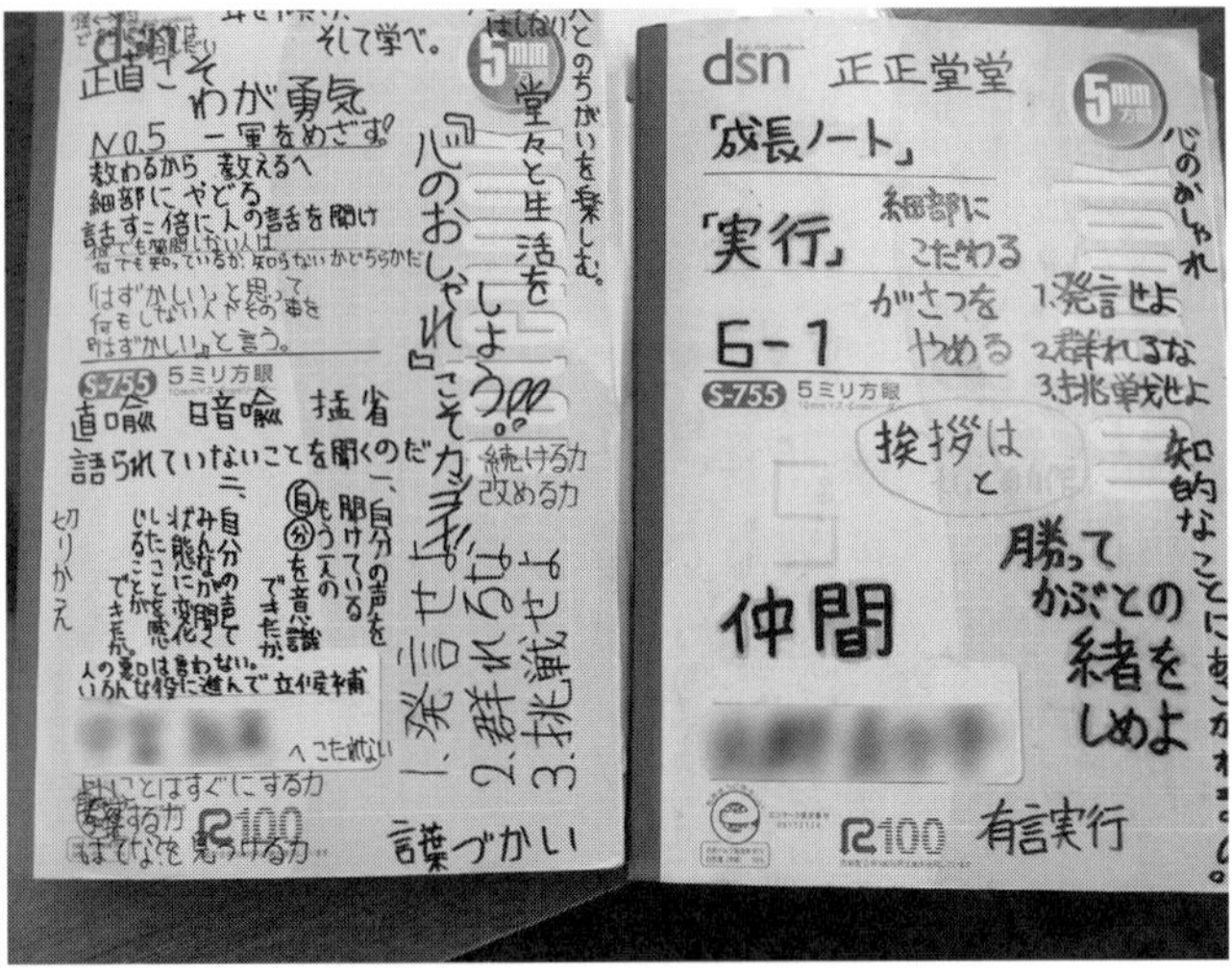

価値語があふれる成長ノート表紙

⑤書くスピードを意識させる
⑥教師の赤ペンはほめるために入れる
⑦誤字脱字などの指導に重きを置かない
⑧子ども同士の評価も大事にする
⑨型→自由→型→自由……で伸ばす
⑩価値語の使用を奨励する
⑪表現の上手さよりも、その子らしさを重視する
⑫年間を通して取り組む

特に6番目の「教師の赤ペンはほめるために入れる」ということを中心に、成長ノートにおける「ほめ言葉」について考えていきます。

レベル1

美点凝視でほめる量を増やす

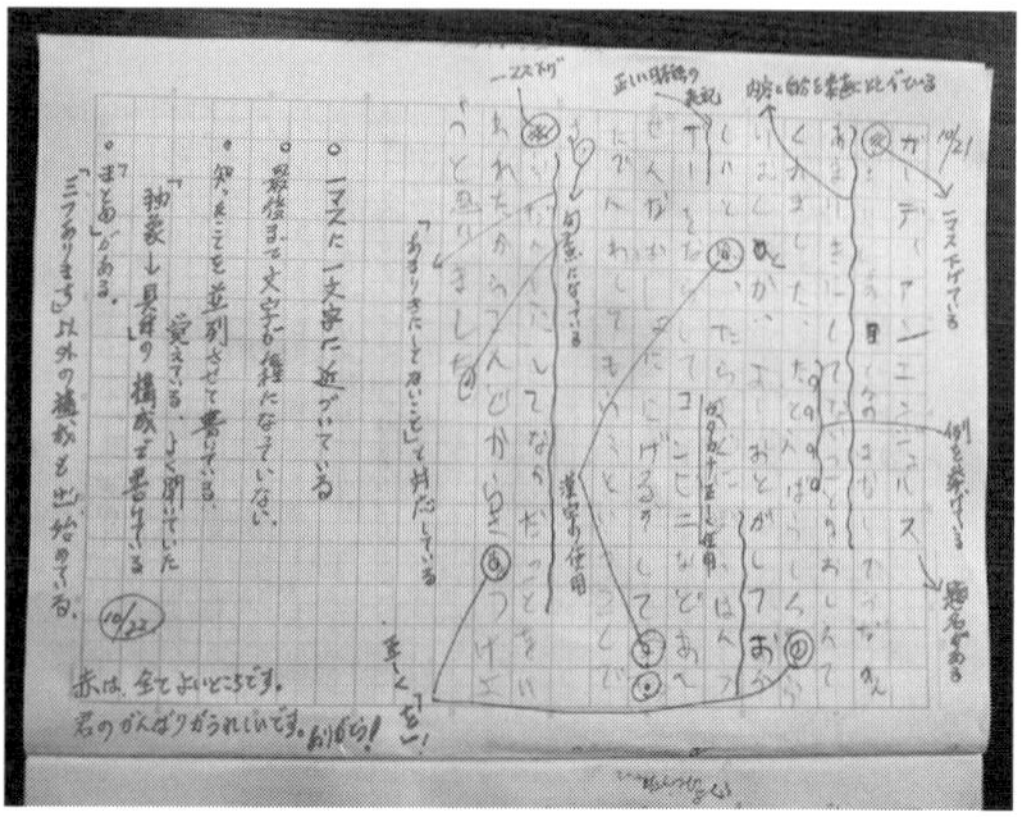

指導が大変厳しい子どもの成長ノートです。5年生の2学期中頃の作文です。初めてキチンと書いたものです。

私が赤ペンで入れたほめ言葉です。

・一マス下げている
・題名がある
・内容と自分を素直に比べている
・例を挙げている
・正しい日本語の表記
・カタカナを正しく使用
・漢字の使用
・句点になっている（句点が○で丁寧）

・「あまりきにしてないこと」と対応している
・正しく「を」
・一マスに一文字に近づいている
・最後まで文字が雑になっていない
・知ったことを並列させて書いている
・覚えている、よく聞いていた
・「抽象→具体」の構成で書けている
・「まとめ」がある
・「3つあります」以外の構成も出始めている
・赤は全てよいところです。君のがんばりがうれしいです。ありがとう！

本人は、戻ってきた成長ノートを食い入るように読んでいました。もちろん本人が理解できないであろう言葉は、その意味だけではなくそれらがもつ価値を丁寧に説明しました。

5年生ですから、「一マス下げている」「題名がある」「カタカナを正しく使用」「句点になっている」「正しく『を』」といった内容をほめるのは、おかしいと思われる人がいるかもしれません。

私はそうは思いません。

教室の中にはいろんな子どもがいます。一人ひとり違います。その子にあったほめ言葉をおくりたいものです。作文は個別の指導が可能ですから、特に新年度の初期の段階では大事なことだと私は考えています。

レベル2

子ども同士のほめ言葉をほめる

成長ノートの指導が軌道に乗ってくると、181ページの写真のように表紙も変わってきます。少しずつ言葉の力に気づいてきたのでしょう。

その段階に入ると、子ども同士で赤ペンを入れさせることもあります。

本人の承諾を得て印刷し、全員に配布します。配布した子どもの作文は、10分ほどで赤ペンのほめ言葉で真っ赤になります。

全員分の書き込みを集めて書いた本人に渡すのですが、その前に数名の赤ペンのよさを次のようにほめます。

・〇〇さんの「～」と書いているところ「文字が美しく整っている」と書いている友達

がいます。そうですね。文字は人なりとも言います。素敵なほめコメントですよね。誰でしょうか？

・○○さんが書いている「～～」のところに「○○さんの普段の優しさが出ています」とほめコメントを書いている友達がいます。友達の内面にも目を向けている温かい目が素晴らしいですね。この温かい目の持ち主は誰だと思いますか？

・○○さんの「～～」のところに「ぼくも同じ経験があります。一緒にがんばろうね」と優しく励ますようなほめコメントをプレゼントしている友達がいます。学び合いは寄り添い合いですね。誰のもらってうれしいほめコメントだと思う？

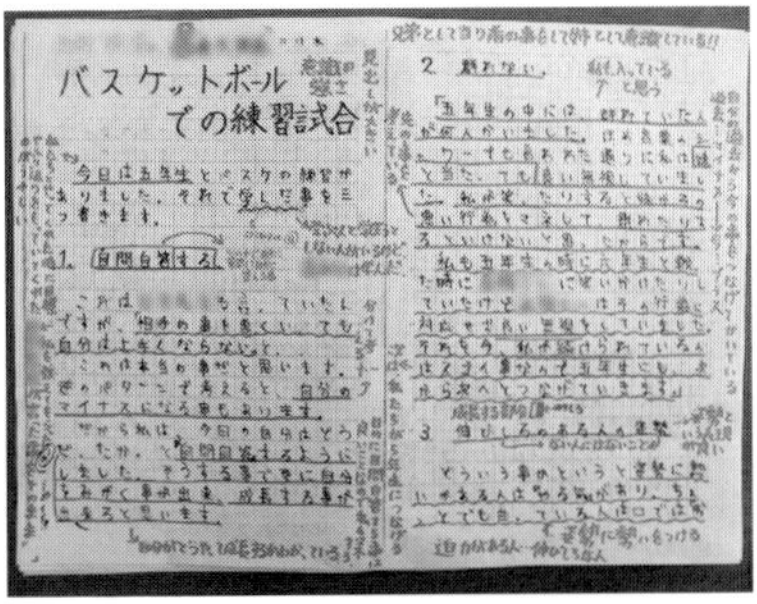

　このように、クイズ形式でほめると教室内も盛り上がり、ほめた本人だけではなく全員が笑顔になります。レベル1で書いたそれまでの教師のほめ言葉がここでも生きてくるのです。

　作文を書いた子どもが全員の赤ペンを読み終わったら、本人にお礼の言葉を述べさせます。どの子も満面の笑みで語ります。

レベル3

教師の本気を見せる

２０１２年に『プロフェッショナル 仕事の流儀』に出演したときに、私が成長ノートにコメントを書いているシーンが流れ、「菊池は休日に数時間かけて全員の子どもにコメントを……」といったナレーションが流れました。

全員のノートに大量の赤ペンを毎日入れていたわけではありません。時間的にも不可能です。

ただ、与えたテーマの内容や時期などを考えたときに、「これだけは」といった気持ちで、赤ペンの量に挑戦してもいいのではないかと私は考えています。

単純にたくさん書けばいいと言っているわけではなく、そのような取り組みを通して教師の本気を示すことがあってもいいのではないかと思っているのです。

そこには、

・先生は、○○さんの成長を心から願っています。
・先生は、○○くんのあの発言に君の友達への見方が大きく変わったと思い、素直にうれ

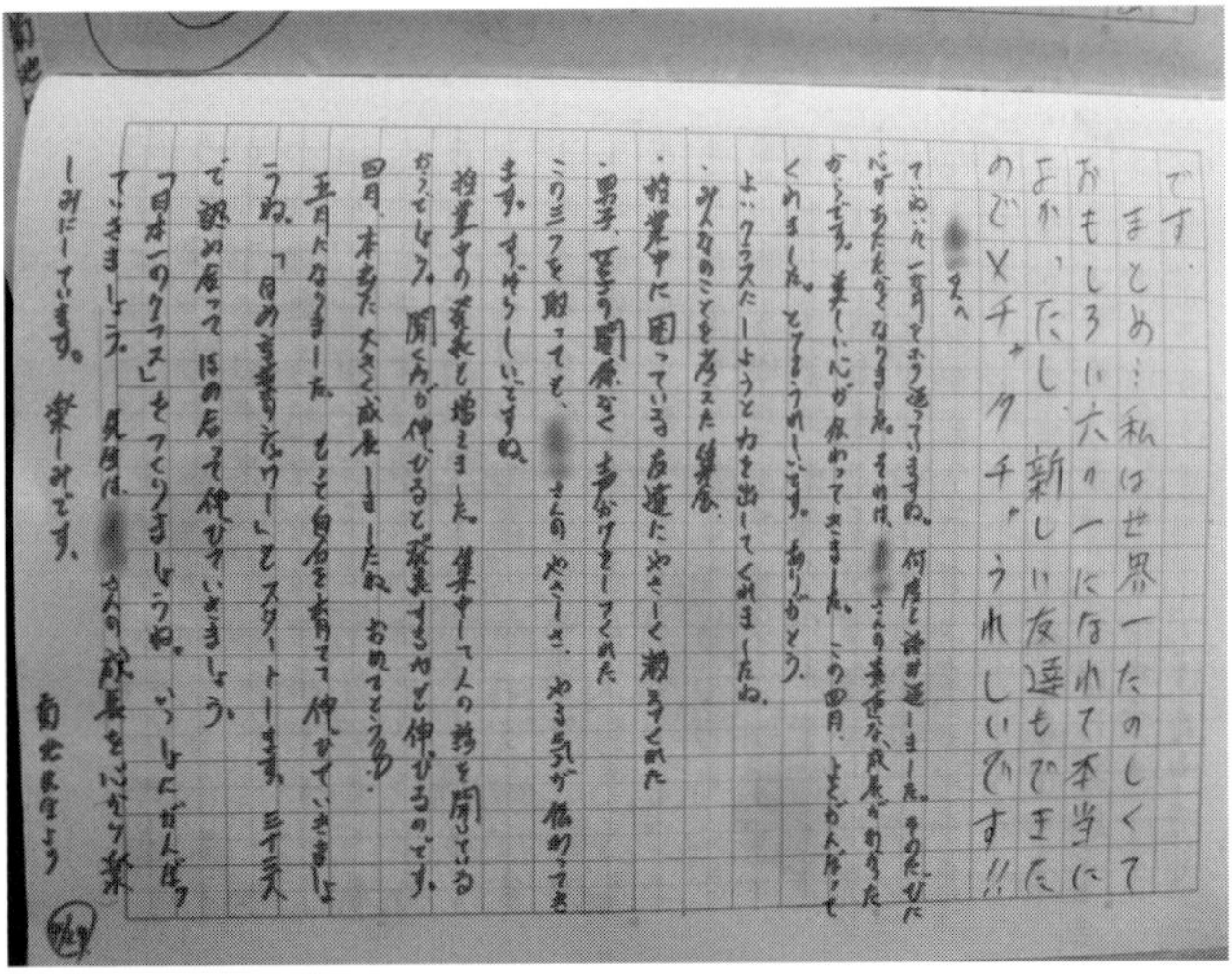

です。まとめ…私は世界一たのしくておもしろい六の一になれて本当によかった。新しい友達もできたのでメチャクチャうれしいです!!

[illegible]さんへ
ついに一年間をふり返ってきたね。何度も読み返しました。その度に心があたたかくなりました。それは、[illegible]さんの素直な成長がわかったからです。美しい心が伝わってきました。この四月、よくがんばってくれました。とてもうれしいです。ありがとう。
よいクラスにしようと力を出してくれましたね。
・みんなのことを考えた集合。
・授業中に困っている友達にやさしく教えてくれた
・男子、女子の関係なく、声かけをしてくれた
このコツを知っても、[illegible]さんのやさしさ、やる気が伝わってきます。すばらしいですね。

授業中の発表も増えました。集中して人の話を聞いているからでしょう。聞く力が伸びると発表する力も伸びるのです。

四月、本当に大きく成長しましたね。おめでとう。

五月になりました。もっと自分を育てて伸ばしていきましょうね。「日本一を目指すクラス」をスタートします。三十三人で認め合ってほめ合って伸びていきましょう。「日本一のクラス」をつくりましょうね。いっしょにがんばっていきましょう。先生は[illegible]さんの成長をいつも楽しみにしています。楽しみです。

菊池先生より

しかったのです。

・先生は、〇〇さんの笑顔で「～～」と声かけをしていた姿に心から拍手をおくります。

といったIメッセージのほめ言葉が出てくると思います。教師の自己開示がポイントだと考えています。子どもたちは、素直にその思いを受け入れてくれると考えています。

子どもは、一年間成長ノートを続けていく中で、

「先生のコメントを読むことが楽しかったです。たくさんの言葉で成長させてもらえたと感じます」

といった感想を書いてくれます。

気になる子・気になる場面

「わかりません」をほめる

「10割ほめる」と努力目標を立てて、飛込授業を行っています。

毎時間、「子どもたちと健全な共犯関係をつくろう」「心理的な安全性を確保しよう」「学び合う空気を育てよう」と心がけるのですが、予定調和的な教える授業ではなく、コミュニケーションを重視した授業がほとんどなので、予期しないことは当然起きてきます。

その代表的なものの一つが、「わかりません」や書けない、無言といった私の問いかけに対する子どもの反応です。

もちろん、必要に応じて事前にノートに書かせる、ペアで相談させるといった指導も行っています。しかし、それでもそのようなことは起きるものです。そんなときに、どんな言葉かけをして、その上「ほめ言葉」につなげていくのか、そのことについて述べていきます。

レベル1

ありのままを認めて、期待を込めてほめる

「わかりません」、ノートに書けない、無言といった反応があったとき、次のように声をかけることがあります。

・悩んだ？　考えている？（うなずく）それでいい。学校は悩んで考える力をつけるために来ているのだから。

・わからないから学んでわかりたい？（うなずく）向上心がある。知識欲がある。

・世の中の科学のスタート、進歩は全て「わかりません」からだったんだよ。君は、歴史に名を残す人になるかもしれないね。

意見を求めたときには、

・話すということは、自分を語ること。「わかりません」にも自分がある。それでいい。次はもっと自分を出せるようになるでしょう。

・世の中はわからないことだらけ。わかっていることはほんの一部。気にすることではない。今からわかっていけばいいのだからね。

と、本気で話すことが多いです。

それは、

①問い→正解がある→調べる

②問い→正解がない→考える

と、問いには2種類あって、私は主に②を授業の問い（発問）として、1時間を組み立てているからなのです。

正解がある問いでは正解は一つですが、正解がない問いでは、それぞれが考えた意見は「どれも正解」なのです。つまり、正解がない問いにおける意見は、人と違うだけで間違いはないという考え方をしています。

意見には正解や不正解はなく、自分と人は違うだけであり、どれも大切である、ということを子どもたちに実感を伴った形で教えるべきであると考えています。

ですから、先に例を挙げたような声かけ、ほめ言葉をおくっているのです。

レベル2

ユーモアで周りも巻き込みほめる

私は、答えられない子どものノートに、ヒントや答えを周りの子どもたちにあえてわかるように書くときがあります。次のような感じです。

『○○さん、どうぞ』

「…………」(答えられない)

○○さんに近づいて鉛筆を持ち、ノートに正解を書きます。その後、

『時を戻そう』

と教室全体に聞こえる声で話します。

周りの子どもたちには、

『拍手の準備、していますか?』

と呼びかけます。そして再び、

『○○さん、どうぞ』

と大きく手を差しのべます。

「＊＊＊＊」

と○○さんが正解を答えたと同時に、

『さすが、大正解。なぜわかったの』

と笑顔でほめます。同時に大きな拍手と笑顔が教室の中に広がるのです。

教室の学びを、ゆがんだ正解主義に陥らせたくないからです。教えてわかればいいのですから。

先ほどの例のように、
○ヒントや答えをノートに書く
○教室の隅や廊下に呼んで答えを教える
といったパフォーマンスも楽しいものです。失敗感をもたせないように行います。ユーモアが決め手です。
・先生も一緒に考えることができてうれしかったよ。ありがとう。
・君との楽しいやり取りで教室も明るくなりました。ありがとう。
といったほめ言葉も自然に出てきます。

教師だけではなく子ども同士のフォローも大切にします

他に、具体的な声かけ、安心感を与えるほめ言葉としては、

・大丈夫。みんなが必ずフォローしてくれるからね。そこでわかればいいんだからね。そうやって学び合うのが教室だからね。大丈夫だよ。

・後でもう一度聞くね。友達の意見の中で、自分に一番近い意見を見つけてね。期待しているからね。

といったものがあります。友達のフォローや学び合う活動をもとに自分の意見をもたせるのです。もちろん自分なりの発言ができたら本気でほめます。

レベル3

子どもの失敗感を教師が引き取り安心させる

子どもは、教師からの問いかけに一生懸命考えます。それでも「わかりません」や無言の反応が出てくるのは、教師サイドの問題であると私は考えます。

次のような言葉をかけます。

・(「わかりません」) そうか。そのような問いを出した先生が悪かった。よく言ってくれたね。ありがとう。

・(「わかりません」) なるほど。君がそう言ってくれたから、みんなが君も含めて全員でわかり合おうとするよね。全員がよくなるきっかけでもあると思うよ。ありがとう。

・ありがとう。(教室全体に対して) どうして先生は「ありがとう」と言っているかわかる? 先生の授業の展開や聞き方がよくなかったから「わかりません」という発言が出てきたのでしょう。先生は、「ちゃんとしなさいよ」と教えられた気がしています。だから、「ありがとう」とお礼を言っているのです。

・意見は全て最初は「(仮)」なんだよね。話し合ったり対話をしたりして、そこから成長させていくものなんだよね。だから最初は「わからない」でもいいのです。それも「(仮)」の一つです。少しずつ自分の意見がもてるようになるのです。そんな学びに価値があるんだよね。これからを期待しているよ。

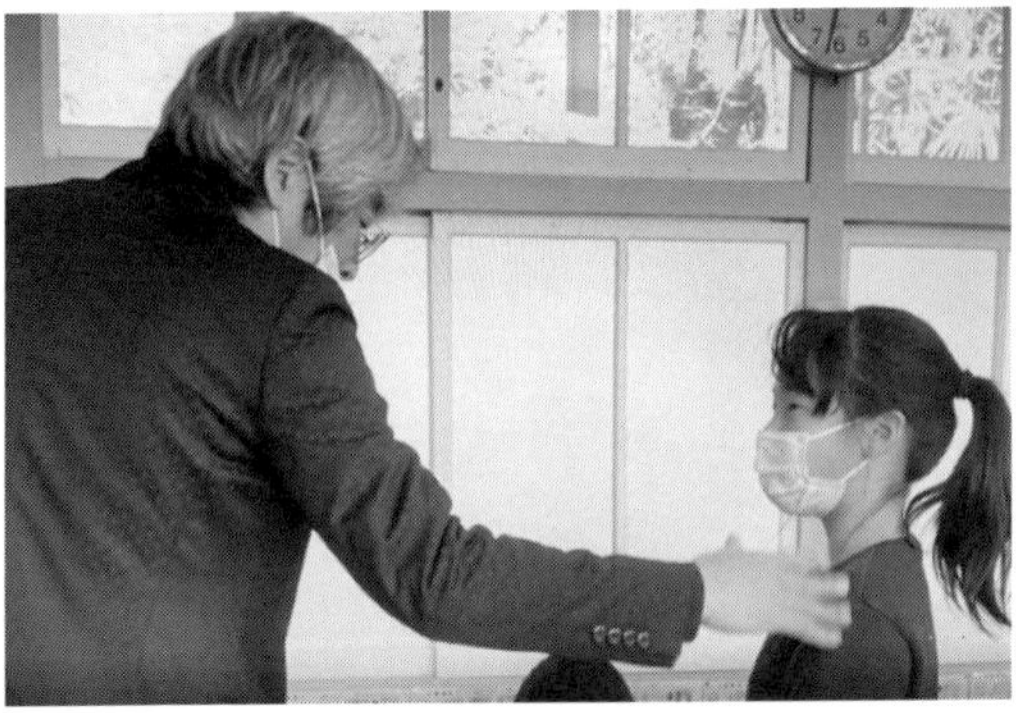
子どもとの交流が大切です

といった声かけやほめ言葉を子どもたちに伝えます。スキンシップや拍手や握手といったコミュニケーションもセットに行うといいでしょう。

このような声かけやほめ言葉は、そのときだけの「安心感」を与えるだけではなく、その後の学びを大きく変える力をもっています。

「わかりません」や書けない、無言といった子どもが激減するのです。教室の中に、安心感が広がるからでしょう。「次はがんばろう」「先生や友達の思いに応えよう」といった気持ちが強くなるからでしょう。

気になる子・気になる場面

当たり前を本気でほめる

「そこもほめるのですね。想定外で驚きました」

「当たり前だと決めつけて、ほめることなどしていませんでした」

「子どもたちがあれほど笑顔になるとは意外でした」

といった声を授業後に聞くことがあります。私の何気ないほめ言葉が、先生方の今までの声かけと大きく違うといった声もよく耳にします。

私は、

『当たり前を本気でほめる』

ことを強く意識しています。

例えば、
・学校に来ている

・あいさつをしている
・時間を守っている
・先生や友達の話を聞いている
・ノートに考えを書いている（書こうとしている）
・座席を班の形にしている
・ペアトークをしている
・自分の意見を話している
・発言時に「気をつけ」している

といったことです。

教室の中には、「気になる子」もいると思います。でも、そのような子も、

・落ち着いて集中している
・友達と仲よく活動している
・みんなと一緒に笑っている
・当番の活動でルールを守っている
・作文では素直な気持ちを書いている

ということがあります。

いつも「気になる子」ではないはずですから。

本項では、「当たり前を本気でほめる」ということについて述べていきます。

レベル 1

ほめる教師自身のあり方を意識する

授業分析の一つの方法に、ストップモーション方式というものがあります。徹底的に、教師の教授行為を授業ビデオを視聴しながら分析する方法です。

それを経験すると、授業者としての教師のパフォーマンスについて考えさせられます。特に、ほめる言葉を発するときの声や表情、仕草などの非言語のあり方を反省させられるのです。

前ページで述べた子どもたちの行為を、

○笑顔で　○明るい声で　○体も使って　○子どもに届く言葉で

ほめていないことに気づかされるのです。ですから、自分自身の非言語も意識して、

・今日も笑顔で学校に来てがんばっているね。

・時間を守ってくれてありがとう。
・話を聞くという学習の基本ができていますよ。成長がわかります。
・友達との対話が笑顔になりましたね。思いやりの表れですね。
・考えて自分の言葉で書く。自分らしさの発揮ですよ。

といったほめ言葉を子どもたちに届けるのです。それらの子どもの姿は、決して当たり前のことではありません。

私の好きな言葉に、「子どもはほめられるために学校に来ている」があります。だったら、「ほめるために学校に行こう」と考えるべきだと思うのです。

レベル2

当たり前の小さな事実を大きく価値づけよう

ほめ言葉は、

【事実×価値づけ】

で私は表すことがあります。例え事実が「小さな」ことであっても、それを「大きく」価値づけることで、ほめ言葉としての効果は大きくなると考えているのです。ですから、当

当たり前のこともほめましょう

たり前のことでも、

・自分からのあいさつでしたね。朝からさすがです。素敵な一日のスタートをありがとう。

・先生が話し始めると気づいて、その瞬間に先生を見ました。それも口元を。学びに向かう君の集中力がみんなのお手本です。

・落ちていたごみを拾っていました。自分のもてる力をみんなのために使っています。何でもないことかもしれないけれど大人でもできないことです。

・キチンとした姿勢で発表していました。みんなに伝えようという強い気持ちがわかります。机に寄り掛かるのと気をつけの姿勢では、学ぶ思いの強さは全然違います。

・〇〇さんは、ペアトークを始める前に笑顔になっていました。相手の□□くんも安心したよね。共に学び合おうとする素敵な瞬間でした。

などと、大きく価値づけてほめるのです。

子どもを育てよう、子どものよさから学ぼう、学び合う教室をつくろうという気持ちがあれば、小さな事実が目に飛び込んでくるものです。

どんな子ども、どんな集団、どんな授業をしたいのか、教師としてその思いの強さが問われるのかもしれません。

レベル3 一人ひとりの価値を際立たせてほめる

在職中、「菊池学級の子どもは、一人ひとりキャラが立っている」といった参観者の声をよく聞きました。

その証拠に、

「私は、ウッチーのファンだなぁ」

「自分は毎熊さんを応援したい」

「やっぱり下堂薗くんが一番だな」

「佐竹さんの思慮深さに感動だよね」

等、参観後の先生方が、よく口にされていました。

一人ひとりのよさをほめて伸ばしていたので、結果、個のキャラが際立っていたのでしょう。

・○○さんは、本当は心の根っこが優しいんだよね。元気がよすぎるときもあるけれど、友達思いの優しさが今日もよくわかったよ。

・今の言葉遣いは本当の君の素直さの表れだね。以前の君ではなくなってきている証拠だよ。そんな成長を見せてくれてありがとう。

・さっきのグループ学習での集中力はさすがでした。○○くんは、本当は切り替え力がバツグンに素晴らしいんだよね。みんなにそのことを紹介して全員の力を伸ばしたいよ。

といったほめ言葉を大切にしたいものです。

つまり、「○○さんは、本当は〜〜だよね」というほめ言葉です。特に、「気になる子」には効果的です。どの子にもプラスの面はあるのですから、そこに目を向けてほめるのです。

また、「個性的」というほめ言葉も使えるようにしたいものです。

・（算数の解き方が間違っていたときに）なるほど、君らしい個性的な考え方をしたんだ。それが先生はうれしいよ。発表してみんなの学びの中に入れよう。君らしさを認め合う学習になると思うよ。

・（話し合い時に教科書にない自分の生活経験からの意見を話したとき）今の○○さんの発言は、文章からの意見ではなく、生活経験からのものでした。○○さんらしい個性的な内容でしたね。こんな意見が出てくると、みんなの自己開示も進みますね。

子どもたちの「本当の姿」
「個性的なよさ」をほめましょう

このほめ言葉によって、人と違ってもいいんだ。逆に、自分のよさがあるんだというとらえ方を子どもたちはしていきます。そして、それらを子どもたちは認め合うようになります。

ほめ言葉によって、一人ひとりの「自分らしさ」を発揮できる教室にしていきたいものです。

気になる子・気になる場面

不安をなくすほめ言葉

私の授業を見た方から、以下のようなコメントをいただくことがあります。

「いつも教室内でしているであろう紙を渡すだけの行為を、価値語で認めるとは予想していなかったです。子どもたちの不安が少しずつなくなっていったように思います」

「生徒のあの何気ない普通によくある話したことを、『公の言葉』と価値づけたところに驚きました。教室の空気が変わりました」

「子どもの発言の中の一つの言葉の使い方をあのようにほめるとは目から鱗でした。確かに言い換え一つで学び合う雰囲気が出ますね」

などといった言葉です。

本項目では、子どもの不安を取り除き、安心感を生み出し、前向きな気持ちにさせる「ほめ言葉」を紹介します。

レベル1

さりげない表情などの変化や行為のよさを見つける

この本の冒頭で、「10割ほめる」と述べました。教師は、どんな子どもたちを前にしても、「10割ほめる」ことができるキャパシティーをもつことが大切だと考えているからです。そのために美点凝視で子どもたちを見るのです。そうすると、

・今の話を聞いて微笑みましたね。話をしていてとても気持ちよくなりました。ありがとう。

・今、姿勢を変えたよね。○○さんは、先生の話の切れ目で変えたのです。大人の聞き方ですよ。みんなのお手本ですね。拍手。

・今の笑い声は明るくてとてもよかったですよ。笑いは知性の表れです。タイミングも完璧じゃないですか。いい教室ですね。

などのほめ言葉が、自然に出てくるようになります。一人ひとりをよく見ることです。

中学校の教室で、ノート代わりに白紙の用紙を配ったら、ある列で一枚余分に配ってしまったときがありました。その列の最後の子どもが、

「先生、一枚余りました」

といって、教室前の私のところに持ってきてくれました。私は、少しざわついている教室が静かになるのを待って、

「ちょっと聞いてくれる？　何でもないことだけど、とっても素敵なことだと思うんです。今ね、彼（余分の一枚を持ってきてくれた子ども）が『一枚余りました』と丁寧な言葉で話してくれました。何でもないことだけど、みんなで学ぶ教室にふさわしい言葉です。自信がなかったり、不安感が強かったりすると『余った』『先生これ』といった言葉の使い方をしてしまうことがあるんだけど、彼は違いました。『公の言葉』を使える人ですね。彼に大きな拍手を」

と、ほめました。このような場面は、教室の中にたくさんあると思います。例えば、
・テスト用紙やプリントを両手で渡す、両手で受け取る
・ノートを見やすいように向きを考えて差し出す
・板書時にチョークを渡すと軽く会釈をする
などです。ほめるところはたくさんあります。些細なことでもほめることで、子どもたちは安心していきます。学びが落ち着いてきます。

レベル2

何気なく使った言葉をほめて自信をもたせる

言葉にこだわった指導をしたいものです。知的で温かな教室をつくる上でもとても大切なことです。

例えば、友達の行為をほめるときに、多くの子どもは「○○さんは、誰とでも遊べてすごいです」と普通は話します。それを、

「○○さんは、誰とでも遊べて、平等な心の持ち主です」

と、無意識に話した子どもがいたとします。そのようなときに、

・普通は、「すごい」と言ってすませる人が多いのだけど、「平等な心の持ち主です」と□□くんは言いました。ほめる温かい気持ちがより伝わりますね。

とほめるのです。

子どもたちは、「すごい」「おもしろい」「楽しい」といった形容詞で簡単に言い表そうとします。語彙量の問題もありますが、相手を意識して表現することに不安をかかえているのでしょう。そのような中でも、詳しく表現しよう、正確に言い換えようといった言葉

の使い方をした子どもをほめるのです。

・多くの人は「おもしろい」と一言で表現するんだけれど、「比喩表現を使って、ユーモアもある」と言ってくれました。伝えようとして、深く考えていることがわかりますね。

・「心の中にエネルギーがたまって爆発した感覚」と言ってくれました。「楽しかったです」というありきたりの言葉ではなかったですよね。〇〇さんのような言葉があふれると、本当にエネルギーが満タンになって、爆発するぐらいの勢いのある前向きな教室になりますね。

子どもたちの使う言葉に着目してほめ続けると、自信をもって表現する教室へと成長します。そのときのポイントは、「正確に」「知的に」「ポジティブに」です。少し意識するだけで、耳からも子どもたちのよさが飛び込んできます。

レベル3 個と集団が響き合うように語ってほめる

教室では、個をほめながら集団もほめるべきだと考えています。

「〇〇さんは、『わからない』と困っている友達に笑顔で一緒に考えていました。相手を思う優しさがわかります。そのような行為をした〇〇さんも立派だけど、そのような行為をしてもいいよという雰囲気を、みんながつくっているのだからみんなも素敵ですよね。〇〇さんにもみんなにも拍手をおくり合いましょう」

といったほめ言葉です。教師が個と集団を響き合うようにさせているほめ言葉です。

これを子ども同士でも響き合うようにしたいのです。次のように、周りの子どもたちに〇〇さんの「よさ」を話させるのです。

・それだけ普段から仲がいいということがわかります。〇〇さんの友達関係の作り方がいい証拠です。

・みんなで成長しようという学級の目標に合った素敵なことだと思います。

・「わからない」と言えた□□くんも立派だなぁと思います。笑顔で一緒に学び合える〇〇さんも。二人とも成長していますね。

などの「ほめ言葉」が出てきます。〇〇さんの心の中に響きます。授業中の「ほめ言葉のシャワー」です。「教師がほめる」が基本ですが、子ども同士でほめ合う関係も育てていくべきです。プラスの関わり方が、「普通」にできる教室にしたいものです。

気になる子・気になる場面

失敗をほめる

ある大学の先生から聞いたお話です。学生たちの保育実習後のプレゼン学習で、次のような発見があったと述べられていました。

・実習中にほめて・認めて・励まされることが多かったグループは、実習での体験だけではなく書籍やネットでも意欲的に調べ、協力し合ってプレゼンを自分たちで作り上げた。その言葉は、借りてきたものではなく自分自身の言葉であった。

・実習中にほめられることが少なく、逆に上手くいかないことに厳しくネガティブな言動を伴った指導を受けた学生は、報告発表をしたがらなかった。「その失敗をみんなのためにも話したら?」と伝えたら、「恥ずかしい」という返事が返ってきた。

このエピソードは大学生のことですが、小中学生でも同じ傾向があるでしょう。我々大人でも同じでしょう。

全国の学校に伺うと、ときどき、「失敗」したからか、元気のない子ども、子どもたちに出会うことがあります。とても気になります。

当たり前のことですが、どの子にもいいところがあり、可能性があります。笑顔あふれる教室をつくり出すために、「失敗」したときだからこそ、ほめて・認めて・励ますことを心がけたいものです。

レベル1

ポジティブな観察力と言葉かけを

昔から「結果ではなく過程を大切に」と言われています。しかし、現場はなかなかそういっていないようです。ダメ出しや強い叱責等がまだまだ多いようです。そのような指導では、子どもたちは委縮したり反発したりするだけです。

・難しいことに取り組もうとしたやる気がいいね。最初から逃げ出す人も多いのに。さすがだね。

・途中で何度もやり直ししようとしていたじゃない。修正力が抜群にいいね。〇〇さんのよさだね。

・わからなくなったときに友達と考えていましたね。「困ったときにどうしたらいいか」がわかっていますね。自分から学べる人ですね。

困ったときの教師の関わり方がポイントです

などと、意欲や過程に目を向けて、ほめるのです。そのためには、教師としての観察力が問われます。「美点凝視」を常に心がけたいものです。

基本は、

・いいね
・がんばっているね
・その調子

といったポジティブな言葉かけです。

笑顔で柔らかい身体と声で関わろうとすることです。

「あなたのことを見ていますよ」「あなたのよさを信じていますよ」という思いをもって、「10割ほめる」つもりで子どもに接することです。

特に、表現系の学習では、失敗感を与えないということが重要です。それ以降は積極的になれないからです。良いとこ見つけの指導が大切なのです。

レベル2 失敗を歓迎する空気をほめることでつくり出す

多くの教室は、

・正解ばかりを追い求める授業が中心
・「できる」「わかる」ことに一番の価値を置く

このような教室では、失敗は許されないことになってしまいます。硬くて冷たくて動きの遅い教室の誕生です。

それを打破する教師の考え方とそこからくるほめる言葉かけが大切になるのです。

教師は、まず、正解が見つけられない子どもや、つまずきやすい子どもの立場に立つべきです。

成果主義ではなく、違いがいかされる教室づくりが大切です

・先生もよくわからないんだよ
・なるほど。先生も気づかなかった
・先生にもできないことだ。驚いた
・○○さんらしい意見だね
・そうだよね。意見には間違いはなくて人との違いがあるだけだからね

などといった、安心感を与える教師からの言葉かけが必要なのです。「教える」から「共に学ぶ」というスタンスです。

多くの先生は、「間違えてもいいんだよ」とか、「間違いを大事にしよう」などと言われていますが、実際の教室では正しさばかりを求めている空気感を出してしまっています。そのような指導に陥っています。

これは、変えるべきです。

私は、「わかりません」という発言が出たときや子どもが何も言えない場面では、次のような声かけをしています。

・それでいいんだよ。悩んで考える。その力を伸ばすために学校に来ているんだからね。
・わからないときに「わかりません」とはっきりと言う。かっこいいですね。みんなと考えよう。先生も入るからね。お願いね。

これらの言葉も「ほめ言葉」だと考えています。認めて励ます言葉だからです。

そして、全体に対して、

・みんな、先生にも教えてくれる?
・「わからない」からスタートするみんなの勉強を楽しみ、大切にしよう。

といった、全体を巻き込む言葉かけを行うのです。もちろんプラスにです。

従来の丁寧に教え込む授業から、子どもたちが自分たちで「わかる」「できる」ように成長させる授業に変えるべきなのです。

レベル3

個の変化・成長を全体に価値づけてほめる

私たち菊池道場は、型を重視する授業観ではなく、学習意欲を重視する授業観に立っています。多様性にも対応できる授業観です。

すぐに子どもたちが、変化・成長するわけでもありませんから、長い目でそれらを見つけていくことが求められます。このように考えると、子どもの変化・成長をとらえて、次のような声かけができます。

・みんなちょっと聞いてくれる。今、〇〇さんは、ノートを見ないで話していたでしょ。読むんじゃなくて話していたよね。それもみんなの方を向いて。以前は、そうじゃなかったよね。素晴らしい成長だよね。思いやりをもって伝え合おうとしてくれたんだ。大きな拍手をおくりましょう。

・今、〇〇さんが発表してくれたんだけど、□□くんの聞く態度が以前と違いましたね。わかりますか？　以前は、「聞こえません！」「もう一回言ってください！」と、ちょっときつい言い方をしていたんだけど、静かにうなずきながら聞いていました。大きな成長だよね。学び合う温かい教室になってきました。ありがとう。
・今のグループの話し合いで、〇〇さんが、「他のみんなはどうですか?」とメンバーに問いかけ合っていました。関わり方が優しくなっていました。話すだけで終わらなかったのです。小さなことかもしれないけれど、話し合う力が大きく伸びている証拠です。みんなのお手本になる〇〇さんに拍手!

子どもたちは、成長するために教室に来ているのだと思います。であれば、我々教師は、子どもたちを成長させるために教室に行くべきだと思います。そのような教室には笑顔があふれると思っています。

気になる子・気になる場面

アクシデントをほめる

先日、地元北九州市のフリーペーパー誌の取材を受けました。テーマは、「ほめる」ということでした。

記者の方から事前に次のようなメールをいただいていました。

「菊池先生のところで学ばれている先生が、うちの長男の担任になったことがあります。そのときにものすごく子どもが生き生きとしていたので、菊池先生にお会いできるのを楽しみにしております。どうぞよろしくお伝えくださいませ」

といった内容でした。その担任の先生とは、菊池道場北九州支部の篠原肇先生でした。

取材は、あっという間に所定の時間が過ぎるほど盛り上がりました。

その篠原先生とお子様とのエピソードの中に、「我が子が授業中に本を読んでいたとき、篠原先生が、『今は読んではいけないけれど、本を読むことはいいことだよね』と、叱るわけでもなく話してくれた」というものがありました。その後に、ますます我が子は本が好きになったという言葉もありました。

授業中に本を読んでいる子どもがいたら、教師からするとマイナスのアクシデントです。多くの先生は叱りますが、篠原先生は違ったというのです。考えさせられるエピソードでした。

その後も篠原先生は、子どもの好きな本を用意したり、興味のある学びの場を設定したりされたそうです。子どもたちの心に、今でも残る学びをつくられたそうです。

今回は、教室の中に起きる「アクシデントをほめる」をテーマに述べていきます。

レベル1

否定しないで正しく教えてほめる

教室の中にはいろんな子どもがいます。毎日の教室ではいろんな予期せぬことも起きます。

例えば、授業中に勝手にロッカーに物を取りに行く子、指示が終わらないのに慌てて動く子、静かにすべきときにどうしても勝手に話をしてしまう子、などなどです。

頭ごなしに叱らないで、
・席を立つときは、先生に一言話してからにするといいね。
・やる気の表れだけど、最後まで聞いて行動するともっと成長するね。
・静かに待てればもっとよかったね。
・話すときは、手を挙げて指名されてから話すようにしたらいいね。

などと、柔らかく話すのです。そして、できたら力強くほめるのです。

意外と子どもたちは、悪気なく行ってしまっている場合が多いのです。正しいあり方を知らない、それらがまだ定着していないという場合がほとんどです。正しく教えて、できたらほめるということが大原則です。

もちろん、先にあげた例も話し方によってはそのままほめ言葉になります。

先生の声の調子（少しゆっくり目）や、表情（笑顔で目を合わせる）がポイントです。子どもの世界に寄り添って、気持ちを共有できていれば、それだけで「ほめ言葉」になって伝わるでしょう。

子どもの気持ちを考え、対応するというスタンスが基本です。

レベル2 その行為そのものの価値を語ってほめる

冒頭に書いた篠原先生のほめ方です。授業中に本を読んでいた子どもに、「今は読んではいけないけれど、本を読むことはいいことだよね」というほめ方です。

教室の中では、以下のような気になることが起きているのではないでしょうか。

・学習に関係のないおしゃべり
・決めごと時の意味のない譲り合い
・交流時の緩慢な動き、動作
・固まってしまい活動できない

このような現象は、多くの教室によくあることだと思います。

子どものマイナスの行為にストレートに反応しないことです

このような場合も、レベル1で述べたように正しいあり方を教えつつ、その上位の価値を示してほめるのです。ある意味、「ずらしてほめる」ということです。例えば、

・関係のないおしゃべりはよくないけれど、友達と楽しく対話することは大事ですよね。

・時間を考えよう。譲り合いの精神は大事だけれど、「ダチョウ倶楽部」さんではない（笑）

・不安な気持ちもわかるよ。その慎重な行動は確実に次につながることだよね。

・上手くいくかどうか心配なのはわかるよ。迷いながらも正解のないことへのチャレ

ンジは、君を大きく成長させるね。チャンスだね。

子どもたちは、本当はよくないということを知っています。そのままでは叱られる（怒られる）ということも、理解しています。

だから、その行為を一度受けとめて、その上で価値ある内容を「ずらす」形で伝えて、その後が変わったらほめるのです。多くの子どもは、先のような言葉かけで変わります。

ですから、
・さすが、修正力が高いですね。
・そこが○○さんの素直さの表れですね。
・そんな○○さんだからみんなのお手本になるのです。みんなで拍手をおくろう。
・素晴らしい。こうやって学び合う、成長し合う教室になるんだね。ありがとう。
などと、教室内に本気で響くようにほめることができるのです。

レベル3 ユーモアで切り返し、笑顔でほめる

中学生164名と体育館で授業することがありました。なかなかの緊張感です。

私の、

『一歩歩くのに、30分の人とはどんな人でしょう?』

という問いに、

「馬の赤ちゃんだと思う。すぐには歩けないから」

と答えた生徒がいました。

『なるほどね。そうきたか。先生は、「人」と聞いたんだけど、そこをあえて「馬」ときた。「上手(うま)いこと言うなぁ〜。腕上げたなぁ〜」(漫才の大木こだま・ひびきさん風に)』と返すと、会場に大きな笑いが起きました。

また、小学6年生との授業の中で、成人式の写真を「七五三」とボケて答えた子どもがいました。

『おっ、これ、七五三?』

「はい……(苦笑い)」

『どうみても子どもはいないんだけど、……七五三?』

「はい……(周りも笑い始める)」

『スーツや着物を着た子ども集団?』

「……（笑）」

『なるほどね。七五三かぁ。……「ちょっと言っている意味がわかんないんですけど！」（漫才のサンドウィッチマンさん風に）』

教室内は大爆笑でした。もちろん「七五三」の子どもも。

ここでのポイントは、

・同音異義語を意識する
発音が似ている言葉でも「ずれ」が生じて効果は大きい

・子どものノリに乗っかりながら教師がボケる
最後は必ず教師がボケて、マイナスの空気を引き取ること
ということです。
今回は、「アクシデントをほめる」でした。そのようなときの一番の基本は、教師の笑顔です。笑顔が最高のフォローになります。それがあるから「ほめ言葉」が生まれるのです。

気になる子を変えるほめ言葉

どの研修会においても、「気になる子」をどのようにほめるか、ということが話題になります。そこで、本項の最後では、「気になる子を変えるほめ言葉」というテーマで述べていきます。

レベル1 本人の無意識な言動を価値づけてほめる

11月に訪問した学級は、「学級崩壊に近い学級です。特に、一番前の席のAくんが落ち着きません」と事前に聞かされていました。4年生です。

授業前に教室前の入り口から中をのぞくと、Aくんは机に倒れるような姿勢で横たわっていました。机の上には鉛筆などが散乱していました。

子どもの無意識の「変化」を見つけ、価値づけてほめる

チャイムが鳴り、

『こんにちは。菊池といいます。……先生は、命の次に（声を落として）拍手が大好きな人なんです』と言った瞬間、彼は顔を上げて私を見ました。

「変わった人」と思ったのでしょう。

私は、教室に入ってすぐにAくんと握手をしました。本人は、「なぜ?」といった顔で私を見ていました。そして、全員に、

『なぜ、先生はAくんと握手しているかわかる？　それはね、（Aくんに話しかけながら）先生が話し始めたら、すぐに先生を見てくれたよね。（全体を見渡しながら）先生はそれがうれしかったのです。Aくんのやる気がわかるじゃないですか。だから、

握手をしているの。Aくんに拍手！』

と話しました。Aくんもうれしそうな表情を浮かべ、私の手を握り返しました。

私は、本人の無意識の動きをやる気があると価値づけたのです。本人にはそのような気持ちはおそらくなかったでしょう。でも、Aくんはうれしそうでした。「自分は叱られることが多いけれど、ほめられた」ということがうれしかったのでしょう。

その後のAくんは、担任の先生が驚くほど集中して学習に取り組みました。

このような場面はたくさんあります。

【ノートに書いたことを、ノートを見ないで話した】
↓
読むのではなく、みんなに伝えようと話してくれました。学び合おうとしています。

【書いていないことも話した】
↓
自分のことを自分の言葉で話してくれました。即興力がありますね。

【身ぶり手ぶりで発表した】

↓

伝えたい思いが言葉だけではなく、手にも表れていました。コミュニケーションの大切なポイントです。

【「発表できる人？」と聞く前に、手を挙げた】

↓

素晴らしい。先生は「手を挙げて」とも言っていないのに手を挙げる。やる気の表れですね。

などです。顔の向き、体の向き、声の大きさ、動きのスピードなど、本人の無意識な言動を「やる気」をキーワードに価値づけてほめるのです。

周りの子どもたちの手本にするのです。学級全員が変わってきます。

レベル2 『目立つ』気になる子をプラスに価値づけてほめる

じっとできない子、いらない反応をしてしまいがちな子どもは、多くの教室にいます。

そのような子どもの一見マイナスな言動をほめるのです。

5年生の教室でのことです。落ち着きがなく、先生や友達の話に過剰な反応を示す子がいました。Bくんです。「それって、～ということ?」「ぼくもしたことある」などの言葉が、常に口をついて出てくるのです。意欲的にも取れるのですが、授業の進行を考えると気になる子どもです。

授業が始まったばかりのとき、彼は友達の発言に対して、

「それって何のことだかわからん」

と体をゆすりながら、大きな声を出しました。私は彼に近づきながら、

『Bくん。君の反応力はいいね。リアクション力がある。頭の回転がいい。(全体を見渡しながら)Bくんのような友達がいると、教室全体に活気が出てくるのです。拍手をおくろう。(Bくんを見ながら)後は、いつ言うのか、どのような言葉の使い方をするのか、……みんなの学びになるような発言になると、君は教室のリーダーになれるよ』

と話しました。彼は、最後の言葉を神妙な顔で聞いていました。

その後、友達が発言するたびに、私は彼の方に向かって「今は黙る」「今は話す」という合図を目でおくりました。タイミングを考えさせたのです。

彼の『目立つ』はなくなり、逆に多くの子どもの心地いい反応が教室内に広がっていきました。

積極的だけれども『目立つ』子どもも多くの教室にいます。

【人の話を聞けなくて問い返しが多い】

← 確認しようとするところがいい。適当にしない君らしさがみんなの手本です。1回で聞けるようになります。

【すぐに「わからない」とあきらめる】

← 悩んでいるんだ。考えようとしているんだ。それでいい。学校には悩んで考えに来ているのだから。

などと、ここでも「やる気」をキーワードにリフレーミングの考え方でプラスの声かけをするのです。

レベル3

『目立たない』気になる子を周りをほめることで変える

気になる子を変えようとするならば、周りの子どもたちを変えなければ変わりません。

特に、消極的で『目立たない子』は、周りをほめて「それでいいんだ」「ああすればいいんだ」という望ましい基準を教えつつ、変化が見られたときにほめるのが効果的です。

３年生の教室であったことです。伏し目がちで表情のないＣさんという女の子がいました。簡単な問題でも手を挙げることもありませんでした。

私は、意識して周りをほめました。

『見たことだけではなく○○さんは、「楽しそう」と自分の気持ちを発表してくれました。あなたらしさが出ています。みんなで○○さんに拍手』

『○○くん、いいですね。書いたことを発表する。立派な発表です。「書いたら発表」という価値語があります。成長している○○くんに拍手！』

Ｃさんも少しずつ顔を上げ、みんなと同じように拍手をし始めました。

「私もしてみたい」「私にもできるかも」といった気持ちが出てきたように感じました。

授業が後半に入ったころ、数名の友達の後に、Ｃさんを指名しました。

少しはにかんだような表情で、自分の考えた意見を顔を上げて話しました。

『素晴らしい。友達のよさを取り入れて、自分のことを自分の言葉で話す。Ｃさんに大きな拍手を！』

教室の中が、大きな拍手と温かい空気に包まれました。

【自分から交流している友達をほめた後の交流時に、足早に仲のいい友達のところに移動した】

↓

「自分から動く」ができています。学び合おうという気持ちの表れです。

(「仲よしに」にはふれない)

【話しながら座るのではなく、最後までよい姿勢だった子どもをほめた後に、発表時に最後まで話して座った】

↓

さすがです。〇〇さんは吸収力がありますね。

周りの子どもをほめつつ、『目立たない』子の様子や変化を見ることです。どの子も成長しよう、変わろうとしていることに気がつきます。

その他

子どもたちの作品をほめる

私は在職中、子どもたちの作った掲示物や作品、ノートなどを積極的にほめていました。それらは、ほめる宝庫だと思っていました。その子のよさやがんばりがあふれているからです。

一人ひとりのそれらを全員に響くようにほめていました。続けていると子どもたちにも伝わっていきます。教師のほめる視点やほめ言葉が子どもたちの中に入っていくのです。

本項目では、「物」をほめるということについて考えていきます。

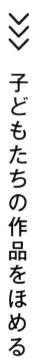

レベル1

ほめる目で子どもの作品を見る

子どもたちの作品を「ほめるために見る」ことが大事です。その子のよさを具体的に認

めることです。過去と比べたり未来予想ぼめをしたりしてほめることです。

例えば子どもの作品には、

・イラストが得意な○○くんらしい資料ですね。表現の仕方に君らしさが出ています。

・キーワードが示されています。これらをもとにみんなに意見を伝えると、君の発表力や即興力がまたレベルアップするね。

・色を変えている（実際は多色）のは心情も表しているのかな？　あなたの細かな読みもみんなの学びの参考になるでしょう。

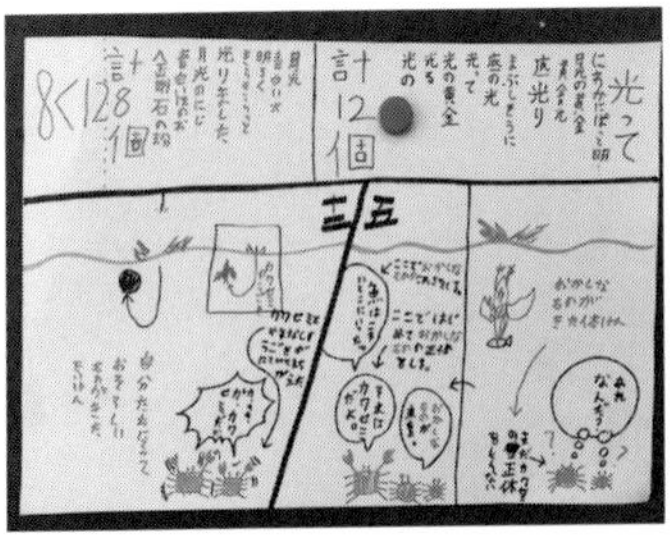

子どもの作品

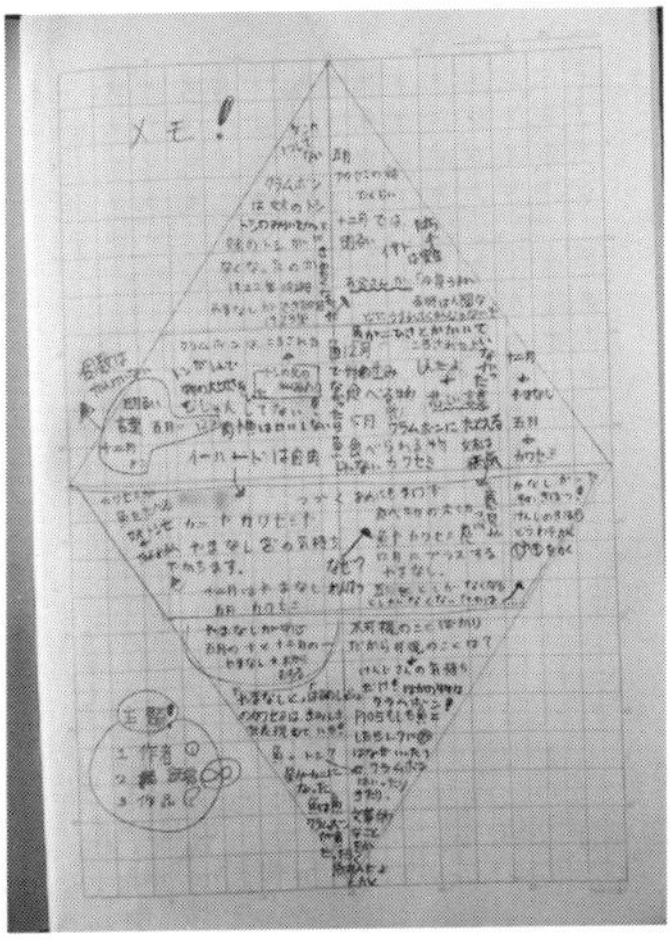

子どものノート

などとほめます。

子どものノートに対しても、

・個性的なノートですね。内容別に整理できる力はみんなのお手本になりますね。

・メモ力が半端ないですね。討論への意欲がわかります。ノートが本当の作戦基地になってきましたね。

・このようなメモの仕方、ノートの使い方になったいきさつをみんなに話してほしいなぁ。今までとは違ってきましたね。学級の学び合いの広がりに役立ちます。

などと、具体的な内容を大きく価値づけます。そして、他の子どもたちに紹介するほめ言葉にすることがポイントです。

レベル2

子ども同士でほめ合う時間をつくる

教師のほめ言葉をシャワーのように浴びた子どもたちは、子ども同士でも自然にほめ合おうとしてきます。ほめ言葉のシャワーが教室の中に定着する過程と同じです。

次のページの上の写真は、友達の成長ノートを印刷したものに、ほめ言葉を書き込んいるところです。赤ペンで書かせます。

図工等の作品であれば、一人ひとりに配布した白紙の紙に、ほめ言葉コメントを、時間を決めて全員に自由に書き合うようにします。

下の写真は、子どもが最終的にほめ言葉を書き込んだものです。

これに、

・ほめる力がめちゃくちゃ伸びてきたね。赤ペンは、〇〇さんのよさだけれども、あなたの温かさや優しさの表れでもあるね。

・赤ペンの〇〇さんのよさは、あなたのよさにもなっていくだろうね。そうやって成長し合うんだ。素敵な友達関係だね。

・〇〇さんが書ている～～ところに、＊＊＊というほめ言葉が書けるようになったところに、先生はとてもうれしく思っています。共感力が高まってきているね。

・ほめ言葉がいっぱいのこの紙をもらった〇〇さんの笑顔が目に浮かぶね。こうやって明るい学級へ成長していくんだ。ありがとう。

などと、子ども同士のつながりを育てる気持ちでほめ言葉をおくります。文字で残るだけに、お互いの喜びは大きいものがあります。

全員がみんなからこのようなプレゼントがもらえるようにします。

子どものノートを印刷して、
そのよさを書き込む子どもたち

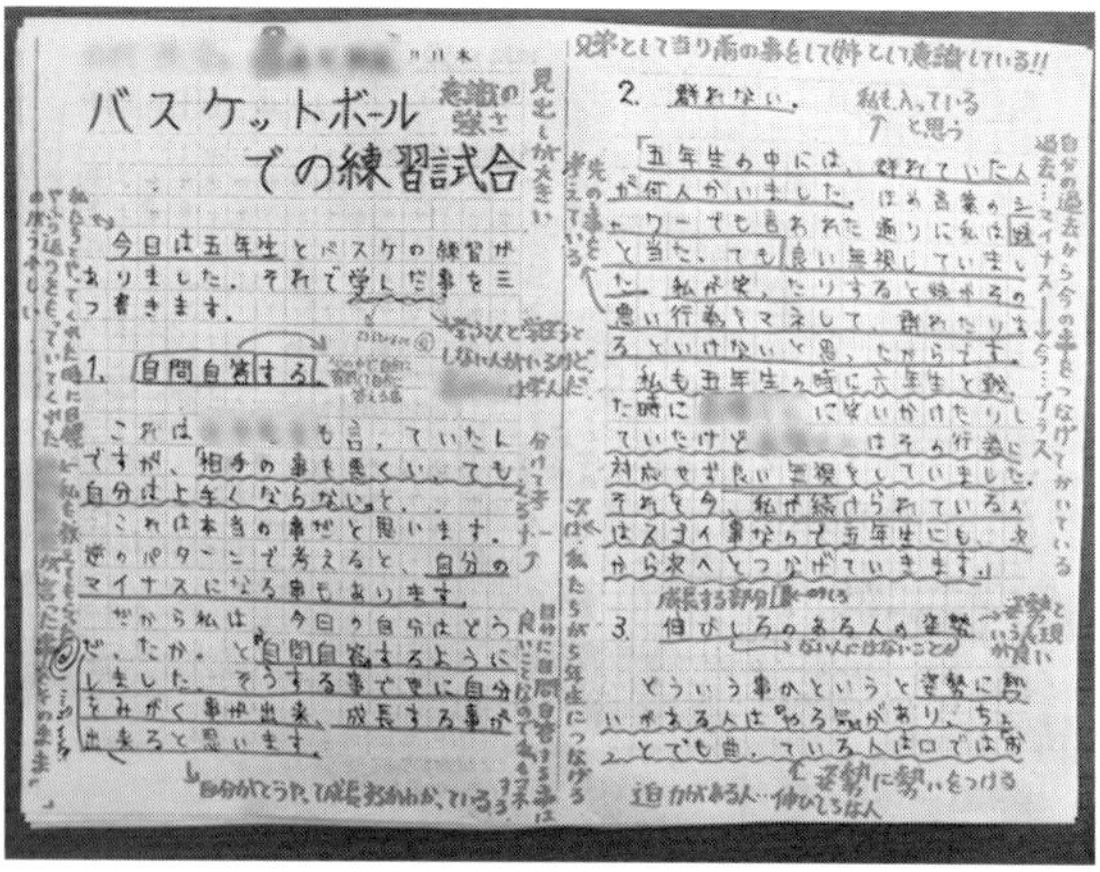

レベル３

ほめ続けることで学級の文化となるようにする

上の写真は、「成長年表」です。子どもたちが、学級の取り組みを価値語とセットにして短冊に書き、年間を通して掲示し続けていくものです。

・みんながんばった入学式を「大成功」という言葉で価値づけてくれてありがとう。これからの学級の成長が楽しみです。

・1年生への読み聞かせを「ふれあい力」という価値語で表してくれたんだね。あなたの優しいまなざしがわかります。

・自分から成長年表の担当になってくれてありがとう。成長し続ける6年1組の事実を残してくれています。加速する教室が先生もうれしいです。

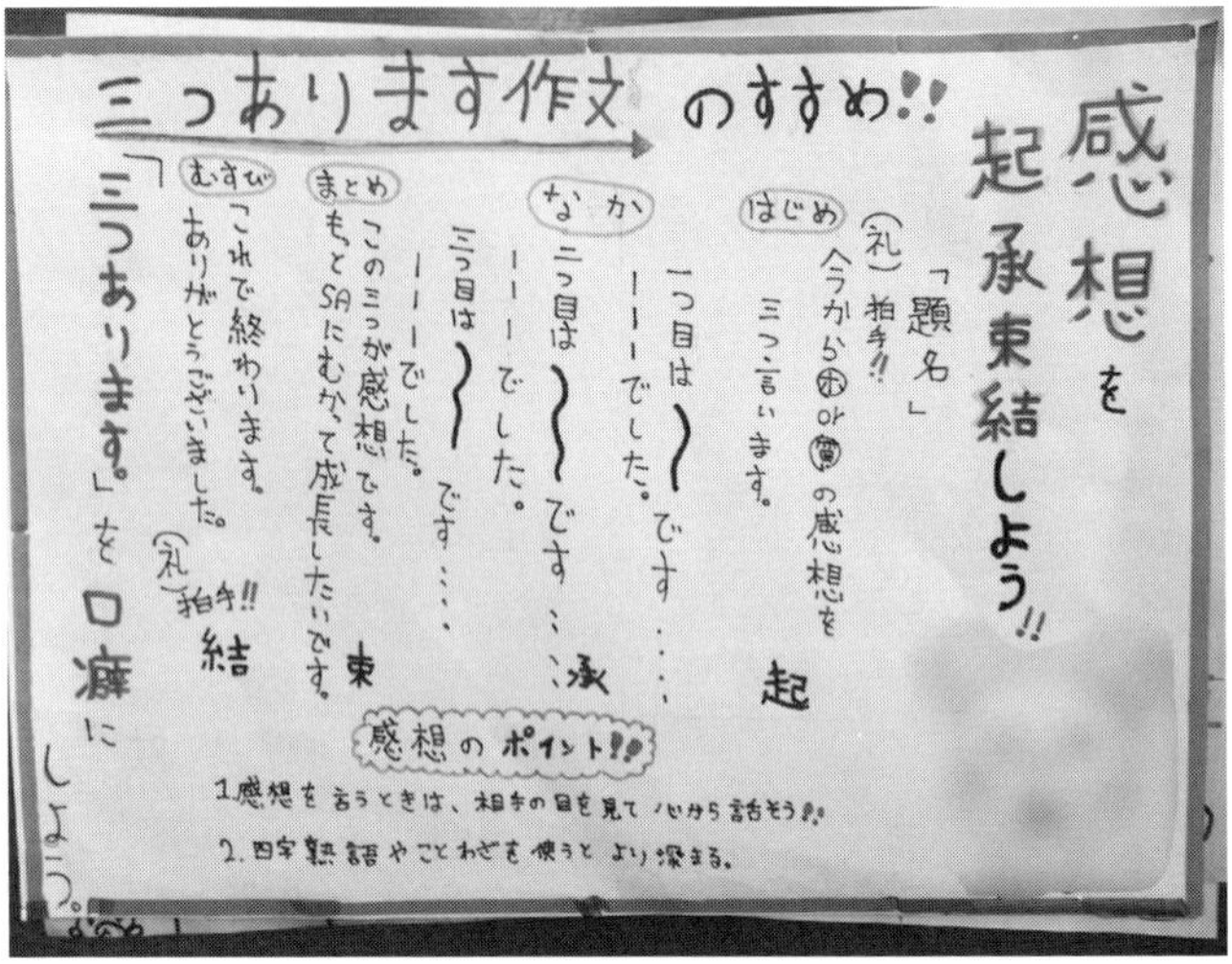

・この成長年表は、学級の宝です。群れから集団になって、チームになって成長していることを示してくれています。わが学級そのものですね。

といったほめ言葉が生まれてきます。短冊を作ってくれた子どもをほめつつ、その価値を学級全体へ広げていくのです。掲示物が学級文化になります。

普通は、子どもたちは掲示物等にあまり関心をもっていません。また、友達の作品等にも深く興味をもつ等もありません。

しかし、教師がそれらをほめることで、それらのよさに気づき、少しずつ自分の中にも取り入れようとしてきます。そして、自分から自発的に掲示物を作ったり、自分からノートを工夫したりしてきます。自治的な教室、主体的な学び手と成長していくのです。

その他

ほめるトレーニング的取り組み

先生方と話をしていると、次のような質問を受けることがあります。

「ほめた方がいいのはわかるのですが、どうしても叱ってしまうのです。それで、ますます子どもとの関係が壊れてしまうのです」

そこで、本書の最後に、「ほめるトレーニング」的な取り組みを提案したいと思います。

レベル1

朝一番に3人から5人を全力でほめる

朝、教室に入って朝の会等で、数名を続けて全力でほめるのです。
・昨日の帰りに、○○さんは、黒板をきれいにしてくれていました。みんなのことを考えられる思いやりがありますね。ありがとう。みんなで、○○さんに拍手!

・今朝、下足場のところで△△くんが、校長先生に明るい声で自分から挨拶していました。「いつも元気だね」と声をかけられていました。クラスの代表としてうれしいですね。△△くんに指の骨が折れるぐらいの拍手をおくりましょう。大きな拍手！

といった感じです。

ポイントは、以下の5つです。

①朝に行う

朝の早い時間に行います。朝の活動時や朝の会です。

例えばお昼からだと、「今更ほめても……」といった気持ちになってしまうからです。

前向きな気持ちになっている朝に行うのがベストです。

②ほめる内容は昨日のことやその日の朝のこと

ほめる内容は、昨日のことやその日の朝のことがいいでしょう。どんなに小さなことでもかまいません。

大切なことは、その「価値づけ」です。大袈裟なぐらいに価値づけたいものです。

③毎日行う

毎日行います。続けるのです。最初は、「先生、どうしたの?」といった表情を見せる子どももいるかもしれません。気にしないことです。

少しずつ拍手も増えて力強くなってくるはずです。

「次は自分かも……」と期待するようになります。

④ほめ言葉の最後に拍手をおくる

必ず拍手を最後におくります。まずは、教師が本気の拍手をします。打点を高くして「強く・細かく・元気よく」行うのです。

子どもたちにも促します。最初の反応が薄くても気にしません。

2人目、3人目になって拍手が大きくなった子をほめると、拍手は広がっていきます。

⑤一定期間で全員をほめるようにする

毎日違う子どもをほめて、全員がほめられるようにします。

教師は、ほめることに意識が向きます。子どもたちも、「何がよくて、なぜいいのか」がわかってきます。

変化をつけるのであれば、子どもたちの中に入ったり、黒板にポイントを書いたりするといいでしょう。ほめることもコミュニケーションです。コミュニケーションは経験しないと伸びない力です。

レベル2

授業の中で心がける2つのほめ言葉

「未来予想ぼめ」と「フォローのほめ言葉」です。

それを、「目についたことを何でもほめる」という気持ちで行うのです。ポジティブなコメントを述べようと意識して実行することです。

■未来予想ぼめ

・（目が合った子どもに）〇〇さんは、やる気の目をしています。きっと丁寧にノートに書くのでしょうね。先生は、うれしいな。

・（手を挙げようとしている子どもに）たくさんの人の手がさっと挙がるでしょう。楽しみです。

・（グループでの話し合いの前に）もう何班かは頭を近づけて話し合おうとしています。白熱しそうで先生はワクワクしていますよ。

・（ペア学習の前に）もう○○さんは笑顔になっています。いいトークが始まりそうです。○○さんのような笑顔の人がもう増えてきました。さすがですね。話し合いをどうぞ。

といった感じです。目についたいいところをすぐに言葉に出すのです。未来予想するのです。

■フォローのほめ言葉

・（ノート作業の後に、ノートを手にして見せながら）このノートを見てください。理由が丁寧に4つも書かれています。考え続けた証拠ですね。拍手をおくりたいですね。

・（発言後に）なるほど。○○さんらしい「＊＊」という言葉を使ってくれました。気持ちが伝わります。

・（グループでの話し合いの後に）○班はみんな笑顔ですね。上機嫌でうなずき合ったり問いかけ合ったりしていました。お手本となる話し合いでしたよ。

・（ペア学習の後に）笑顔のキャッチボールは最高でした。教室中に広がりました。みんなでほめ合いましょう。

と、授業中の流れの中でほめ言葉をかけるのです。授業が途切れることはなく、逆にスムーズな展開になります。

レベル3

子どもからのほめ言葉距離を縮める

飛込授業後に子どもたちから感想をいただくことがあります。宝物です。

その中には、授業者である私のいいところが書かれています。私へのほめ言葉です。

それらを読んでいると、子どもたちがどんなことを望んでいるのかがわかります。ほめられたい、認められたい、励まされたいポイントが見えてくるのです。

在職中もときどきしていたことですが、

「授業後に、先生のいいところを書いてね。たくさん見つけてね」

と、前もって子どもたちに話しておくのです。書かれた内容は、裏返せば、教師が意識して行うべきことです。

【先生がうなずきながら聞いてくれたので】
↓
うなずいて聞いてくれている○○さんの聞き方で、発表する友達は安心しますね。ありがとう。

【すぐに拍手をしてくれたので】

←拍手をしよう。もう○○さんは、拍手の準備をしています。さすがです。

【スピード感がいいと思います】

←パッと反応するスピードがいい。集中しているからですね。聞き合える教室になってきました。

というように、子どもの感想からほめるヒットポイントを学ぶのです。子どもを見る目を鍛えることにもなります。

そして、子どもの感情を読み取ることにもなります。

子どもの心に響いたことを理解すると、子どもとの距離が縮まり、子どもへのほめ言葉が増えていきます。

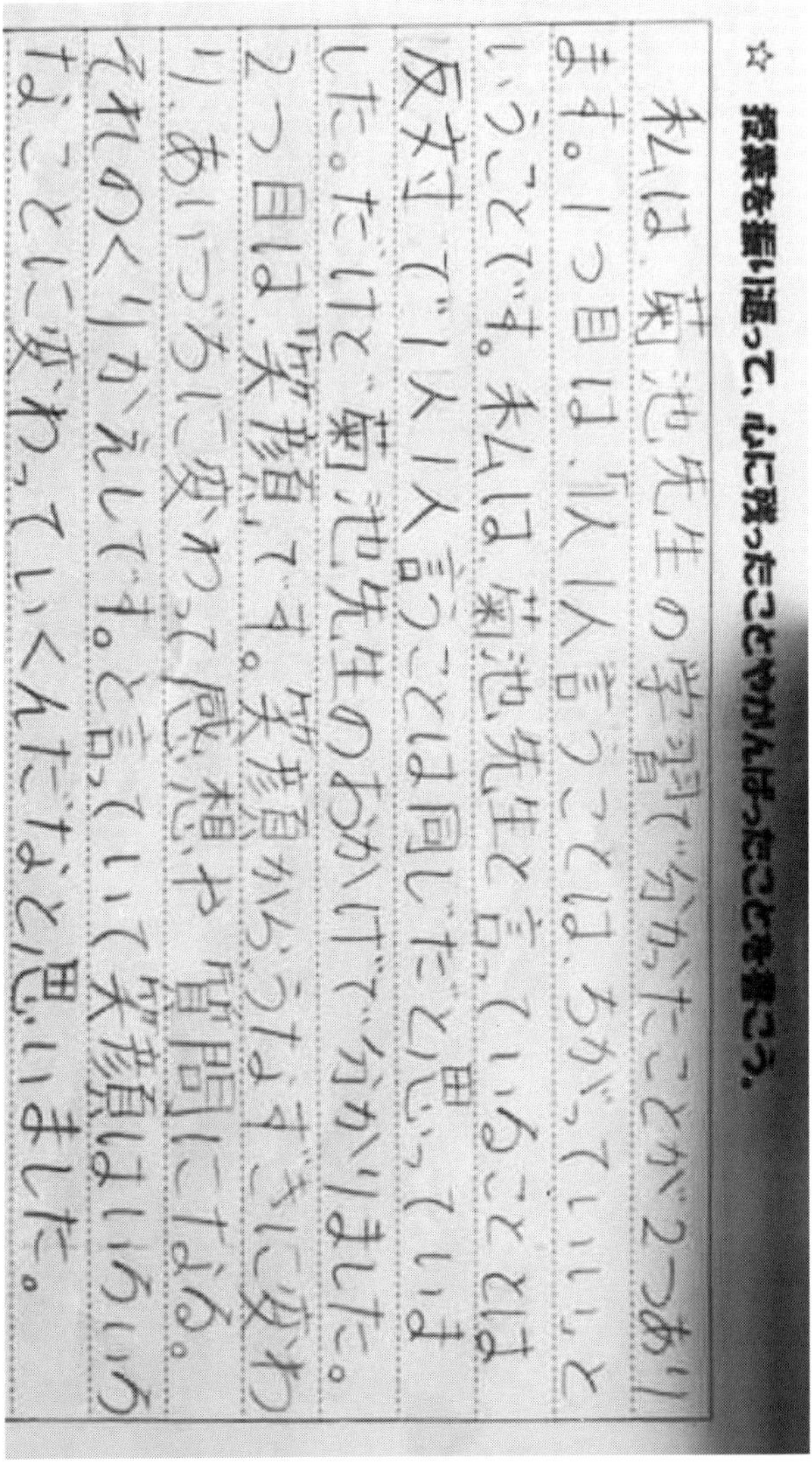
☆ 授業を振り返って、心に残ったことやがんばったことを書こう。

私は菊池先生の学習で分かったことが2つあります。1つ目は「1人1人言うことは、ちがっていい」ということです。私は菊池先生と言っていることとは反対で1人1人言うことは同じだと思っていました。だけど菊池先生のおかげで分かりました。2つ目は「笑顔」です。笑顔からうなずきに変わり、あいづちに変わって感想や質問になる。それのくりかえしです。と言っていて笑顔はいろいろなことに変わっていくんだなと思いました。

おわりに

「私は、教師というほめる仕事をしています」

これは、明治大学教授の齋藤孝先生のお言葉です。

私にとって衝撃的な言葉でした。「ここまではっきりと言われるのか」と驚いたのです。と同時に、教師とは「教える仕事」「育てる仕事」と漠然とそれまでは答えていたであろう私は、ほめることが子どもを教え育てることにつながる大切な教師としての仕事の中心であると考えるようになったのです。

「ほめることは、教育そのものである」

と考えるようになったのです。

全国の先生方とお話をする中で、

「ほめようと思うのですが、なかなかほめることができないのです」

といったご質問をいただくことがあります。ほめることへの抵抗を感じているようにも受けとめられるご質問が多いのです。

私なりにお答えする内容は、

①　ほめることは、人間関係の基本です。大人同士であれば当たり前でしょう。大人と子どもであっても人間同士ですから基本だと思います。特別にめずらしいことでも、奇をてらったことでもありません。

②　ほめるとは、創造的なことです。目指す子ども、学級集団、授業の実現に向けて、ほめることによってそこに近づこうとするのではないでしょうか。ほめることができる教師はクリエイターです。

③　コミュニケーションの重要性が叫ばれています。コミュニケーションをひらがなや漢字で表すと、「あたたかい人間関係」とも言えるでしょう。そう考えると、「ほめて・認めて・励ます」というプラスの言葉かけは当たり前の行為だと思います。

といった内容です。

そして、

「元気よく上機嫌で子どもたちを大いに自信をもってほめましょう」

ともお話しさせていただいています。

以下の試案図は、ほめることでどんな授業を目指しているのかを示しているものです。

従来の指示、発問、説明といった授業内容伝達言葉が中心の授業ではなく、ほめて、認めて、励ますといった教師の感動からくる自己表現的言葉も意識した授業へと変えたいのです。ほめ言葉を核に、授業観を変換したいのです。

それによって、学び合う対話型の授業が生まれるはずです。温かい空気が教室の中に広がるからです。硬くて冷たい教室から、明るくしなやかな教室に劇的に変わるのです。

コミュニケーションあふれる教室になり、子ども主体の学びが展開されるようになるのです。

当然、当たり前の話ですが、私もうまくいかないときもあります。今も失敗を繰り返しながら学

菊池省三が考える「授業観」試案④ ver.1

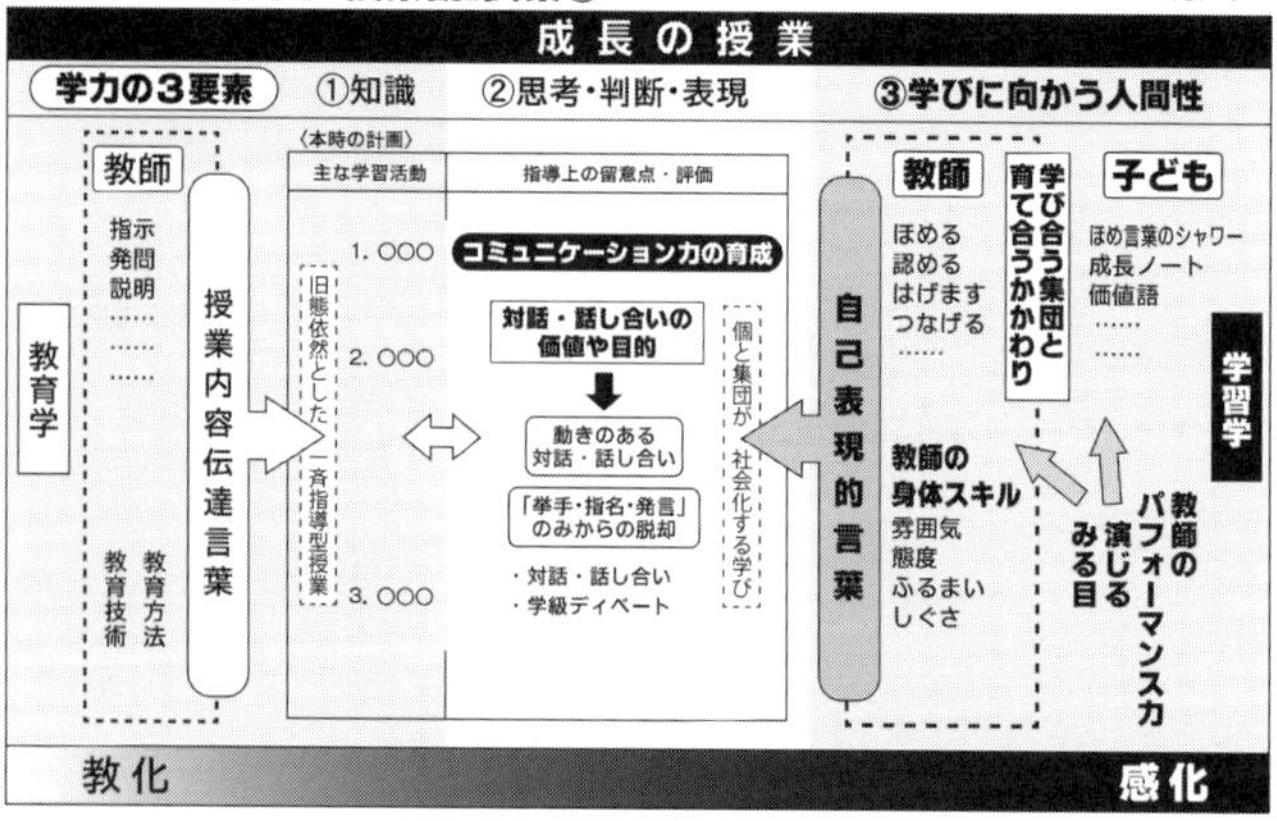

んでいるところです。そんなときに、思い出すことがあります。

私がまだ20代の頃、生涯のお師匠さんでもある中学校教師であった桑田泰佑先生が、「教室の中に、授業が面白くないと不機嫌そうな顔をして、時には寝ていることもある生徒がいた。私は、安易に叱るという方法を取らず、『よし。今日はこの教材で、この授業でその子を必ず起こし、笑顔にするぞ』と決めてわくわくしながら教室に行っていた。それでも変わらなかったら、次の時間にもう一度新しい授業を考えて挑戦していた」と笑顔で話していたことです。今でもそのときの桑田先生のお顔を鮮明に覚えています。

ほめ言葉も一緒であると思います。百発百中といったことはないと思います。だからこそ、その子に合った、そのときに合ったほめ言葉を、あきらめないでこれからも楽しみながら見つけていこうと私は考えています。

子どもたちの笑顔を増やしたいのです。楽しい授業を創り出したいのです。本書が、その一助になるとうれしいです。

私は、ほめ言葉にはその力があると信じています。

菊池　省三

【著者紹介】

菊池　省三（きくち　しょうぞう）

愛媛県出身。「菊池道場」道場長。
小学校教師として「ほめ言葉のシャワー」など現代の学校現場に即した独自の実践によりコミュニケーション力あふれる教育を目指してきた。
2015年３月に小学校教師を退職。自身の教育実践をより広く伝えるため，執筆・講演を行っている。

レベル別全解説　教師のほめる技術

2024年９月初版第１刷刊
2025年４月初版第３刷刊

著　者　菊　池　省　三
発行者　藤　原　光　政
発行所　明治図書出版株式会社
http://www.meijitosho.co.jp
（企画）茅野　現（校正）中野真実
〒114-0023　東京都北区滝野川7-46-1
振替00160-5-151318　電話03（5907）6702
ご注文窓口　電話03（5907）6668

＊検印省略　組版所　藤　原　印　刷　株　式　会　社

Printed in Japan　ISBN978-4-18-325428-3